UN VIAJE POR LA PUBERTAD

Sam Baer

Ilustraciones: Julia Dürr

Diseño: Anna Gould

Redacción: Alex Frith

Basado en la obra original de Susan Meredith

Sumario

Traducción:

Gemma Alonso de la Sierra

Redacción en español:

Isabel Sánchez Gallego,
Beatriz Coira Sánchez de Toca
y Cristina Fernández Martínez

¿De qué va este libro?

El cuerpo crece desde que nacemos y va cambiando progresivamente a lo largo de la vida. Sin embargo, hay una época durante la que los cambios se producen con gran rapidez; se trata de la pubertad. La pubertad pone fin a la infancia de un niño o una niña y marca el comienzo de la etapa en la se convertirá en una persona adulta.

Vocabulario específico

Muchos cambios propios de la pubertad conciernen a los genitales. Hay gente que evita mencionarlos porque ha aprendido socialmente a avergonzarse de esa parte de su cuerpo.

En este libro se incluyen muchas palabras técnicas que hacen referencia a los genitales. También hay partes del cuerpo que se designan femeninas o masculinas; estos términos se emplean para describir los diferentes cuerpos que existen, y no cómo pensamos, actuamos, nos sentimos o nos percibimos. Más sobre este tema en la página 5.

¿De qué sirve la pubertad?

La pubertad prepara el cuerpo y el cerebro para la edad adulta, lo cual conlleva muchas cosas distintas, como por ejemplo...

CRECER EN ESTATURA, VOLUMEN Y FUERZA

APRENDER A SER INDEPENDIENTE

EXPLORAR SENTIMIENTOS NUEVOS RELACIONADOS CON EL AMOR Y EL SEXO

SER CAPAZ DE TENER HIJOS EN EL FUTURO, EN CASO DE QUERERLOS

En este libro se explican todas estas cosas y se describen los cambios que vas a experimentar. Sin embargo, hay muchas otras que no van a cambiar. Al final de la pubertad seguirás siendo la misma persona, solo que algo mayor, más grande y, probablemente, más madura.

¿Y cuándo sucederá exactamente? Pues varía mucho, pero para la mayoría de la gente la pubertad empieza entre los 8 y los 14 años.

Mi cuerpo y yo

Antes que nada, conviene que te familiarices con algunos términos relacionados con las partes del cuerpo que se tratan en este libro.

Las células

Las células son las unidades básicas del cuerpo. Cada una de sus partes, desde la piel hasta el cerebro, está compuesta por ellas. Las hay de muchos tipos, según su función. En este libro encontrarás muchos datos sobre unas células que son necesarias para que nazcan bebés: los óvulos y los espermatozoides.

SOY UNA CÉLULA LLAMADA ESPERMATOZOIDE.

SOY UNA CÉLULA LLAMADA ÓVULO.

ENCONTRARÁS MÁS INFORMACIÓN EN LAS PÁGINAS 8 Y 9.

Las glándulas

Las glándulas son los órganos que producen el sudor, las lágrimas o la saliva, por ejemplo. También las hay que producen hormonas, unas sustancias que llegan a todo el cuerpo por la sangre. Puede que hayas oído hablar de la adrenalina, que es una hormona que transmite un mensaje muy importante...

MENSAJE DE LAS GLÁNDULAS QUE SEGREGAN ADRENALINA AL RESTO DEL CUERPO:

¡PELIGRO! ¡CORRE!

Las hormonas

Las hormonas son los mensajeros químicos que dan instrucciones a las células. Existe una hormona responsable de iniciar la pubertad, la gonadotropina, que se produce en el hipotálamo, una glándula del cerebro.

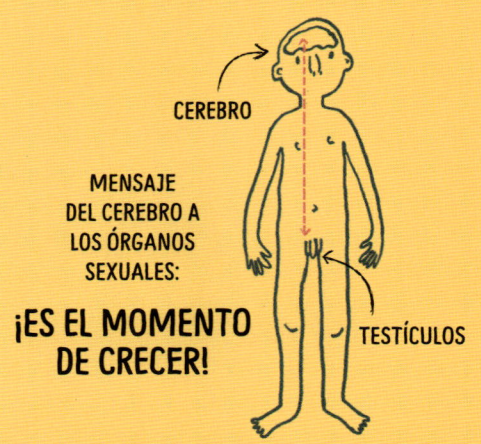

CEREBRO

MENSAJE DEL CEREBRO A LOS ÓRGANOS SEXUALES:

¡ES EL MOMENTO DE CRECER!

TESTÍCULOS

Los genitales

Los órganos sexuales, o reproductores, son aquellos necesarios para tener hijos e hijas, y son internos y externos. Los órganos sexuales externos, que se ven entre las piernas, se llaman genitales.

Los genitales femeninos reciben el nombre de vulva. Los masculinos son el pene y los testículos. De todos modos, informalmente, hay quien los llama de muchas otras maneras.

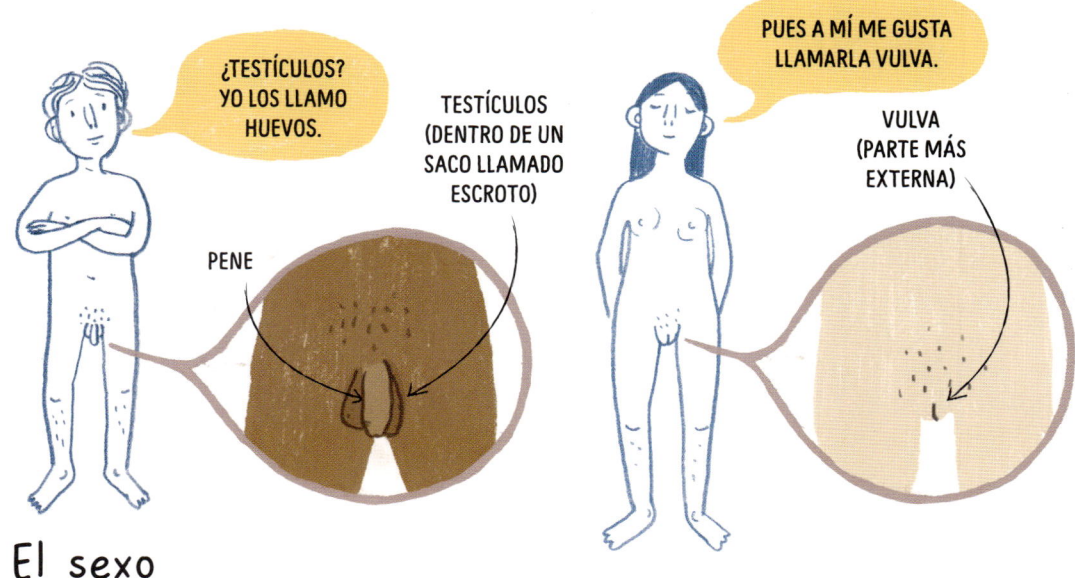

¿TESTÍCULOS? YO LOS LLAMO HUEVOS.

TESTÍCULOS (DENTRO DE UN SACO LLAMADO ESCROTO)

PENE

PUES A MÍ ME GUSTA LLAMARLA VULVA.

VULVA (PARTE MÁS EXTERNA)

El sexo

Cuando naciste, la persona que atendió el parto probablemente informó a tus padres de tu sexo. Si tenías genitales masculinos, lo más seguro es que dijeran que eras niño, y si los tenías femeninos, niña. Se trata de un modo sencillo de describir a las personas, aunque hay más maneras.

PERO, ¿EL SEXO NO ES COMO SE HACEN LOS BEBÉS?

TU SEXO NO ES LO MISMO QUE PRACTICAR SEXO. EN LA PÁGINA 30 HAY MÁS INFORMACIÓN.

¿SIGO SIENDO NIÑO SI ME PONGO UN VESTIDO?

¡SÍ! LA FORMA DE VESTIR NO CAMBIA EL SEXO, AUNQUE PUEDE QUE INDIQUE UN GÉNERO DIFERENTE. EL SEXO Y EL GÉNERO NO SON LO MISMO. EN LA PÁGINA 40 PUEDES LEER SOBRE ESTE TEMA.

¿Qué pasa en la pubertad?

En la pubertad se producen muchos cambios, aunque no te darás cuenta de todos, ya que los hay que tienen lugar dentro del cuerpo. Estos son algunos de los cambios que quizás observes durante tu desarrollo.

MAYOR ESTATURA

HOMBROS MÁS ANCHOS

VELLO CORPORAL

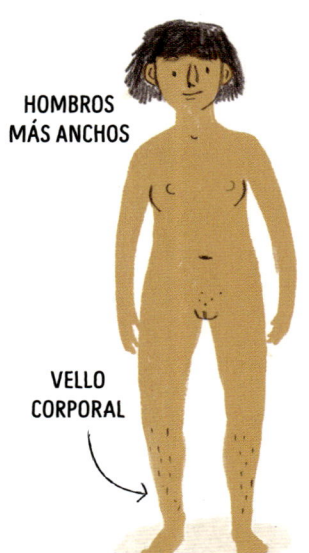

VELLO FACIAL MÁS GRUESO

Cambios visibles

★ AUMENTO DE ESTATURA

★ CAMBIOS FACIALES (DE LA CARA)

★ CRECIMIENTO Y MAYOR GROSOR DEL VELLO FACIAL

★ VOZ MÁS GRAVE

★ DESARROLLO DE LAS MAMAS (PECHOS)

★ MÁS VELLO CORPORAL

★ HOMBROS Y PECHO MÁS ANCHOS

★ CADERAS MÁS ANCHAS

★ TESTÍCULOS Y PENE MÁS GRANDES

★ INICIO DE LA MENSTRUACIÓN (TAMBIÉN REGLA O PERIODO; MÁS INFORMACIÓN EN LA PÁGINA 20)

MÁS VELLO

AUMENTO DE TAMAÑO DE LOS TESTÍCULOS Y EL PENE

DESARROLLO DE LAS MAMAS

CADERAS MÁS ANCHAS

¿Cuándo empezaré a desarrollarme?

SOY MUCHO MÁS ALTA QUE EL AÑO PASADO.

YO NO HE DADO EL ESTIRÓN HASTA ESTE AÑO.

CADA DÍA ME CRECE MÁS VELLO.

YO NO HE CAMBIADO NADA.

9 AÑOS   13 AÑOS   14 AÑOS   14 AÑOS

La pubertad no comienza a la misma edad para todo el mundo. Para muchas niñas sucede entre los 8 y los 13 años, y para muchos niños entre los 9 y los 14. Puede que tu pubertad comience a la misma edad a la que tus padres se desarrollaron, aunque también es frecuente que suceda antes. Lo más probable es que te desarrolles antes que algunas de tus amistades y después que otras, pero al final todo el mundo experimenta el mismo cambio.

Me gusta alguien

Al irte haciendo mayor, puede que empiecen a gustarte otros chicos o chicas, que te atraigan y quieras conocerlos mejor y disfrutar de su compañía. Los enamoramientos son algo muy natural a estas edades. En la página 34 descubrirás más cosas sobre este tema.

¡VENGA! ¿NOS VEMOS EN EL PATIO?

¿TE APETECE QUEDAR UN RATO DESPUÉS DE CLASE?

¡QUÉ BARBA MÁS GUAY!

¡QUÉ PELO MÁS CHULO!

¡QUÉ SONRISA!

¡ADEMÁS ES SÚPER DIVERTIDA!

¡ME ENCANTA COMO HABLA!

¡ME ENCANTA SU CUERPO!

¿Cómo empieza todo?

La pubertad comienza cuando ciertas glándulas del cerebro segregan una serie de hormonas que informan al cuerpo (y al cerebro) de que ha llegado el momento de desarrollarse. Se trata de un largo proceso biológico en el que interactúan muchas hormonas y que tiene lugar a lo largo de varios años.

El cerebro y la pubertad

La pubertad se activa en el cerebro, gracias a la gonadotropina que produce el hipotálamo. La gonadotropina ordena a otra parte del cerebro, la glándula pituitaria, que segregue otras dos hormonas: la folículo-estimulante y la luteinizante.

En las chicas, estas dos hormonas ordenan a los órganos sexuales llamados ovarios que desarrollen los óvulos que tienen dentro y que empiecen a producir dos hormonas sexuales, llamadas estrógeno y progesterona. En la página 19 encontrarás más información.

En los chicos, estas dos hormonas ordenan a los testículos que empiecen a producir espermatozoides y la hormona testosterona.

PENE Y TESTÍCULOS (VISTA LATERAL)

LOS ÓVULOS Y LOS ESPERMATOZOIDES SON NECESARIOS PARA QUE LOS ADULTOS TENGAN BEBÉS. AVERIGUA CÓMO FUNCIONAN EN LA PÁGINA 31.

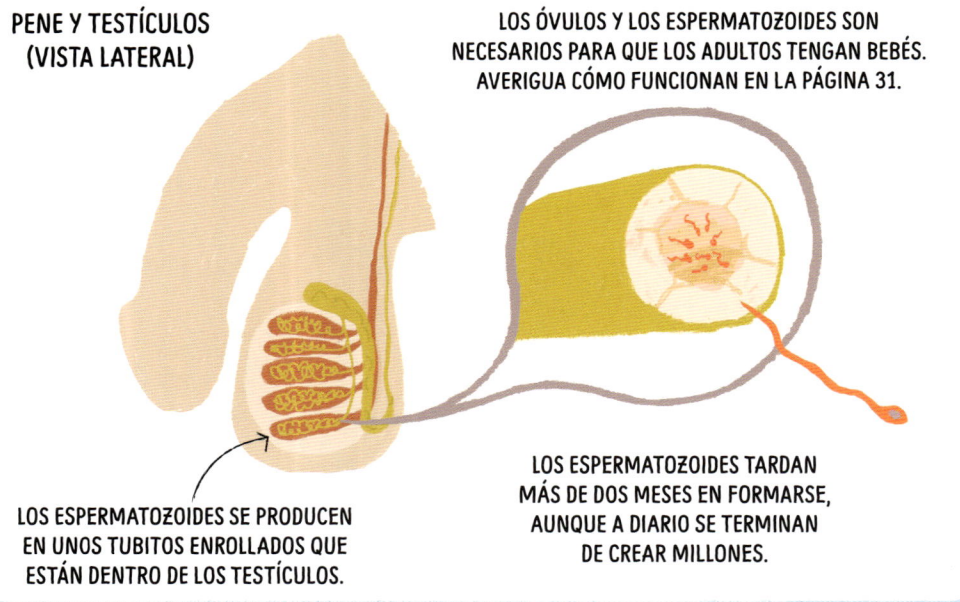

LOS ESPERMATOZOIDES SE PRODUCEN EN UNOS TUBITOS ENROLLADOS QUE ESTÁN DENTRO DE LOS TESTÍCULOS.

LOS ESPERMATOZOIDES TARDAN MÁS DE DOS MESES EN FORMARSE, AUNQUE A DIARIO SE TERMINAN DE CREAR MILLONES.

Las hormonas sexuales

Las hormonas sexuales contribuyen al desarrollo de los órganos sexuales y provocan otros cambios más visibles.

El estrógeno y la progesterona son responsables del desarrollo de las mamas (pechos) y el ensanchamiento de las caderas. La testosterona desencadena el crecimiento del vello facial y de la musculatura.

Da lo mismo de qué sexo o género seas: todos los cuerpos producen TODAS estas hormonas en mayor o menor medida. Normalmente, los cuerpos femeninos producen más estrógeno, y los masculinos, más testosterona, pero ambas están presentes en todos.

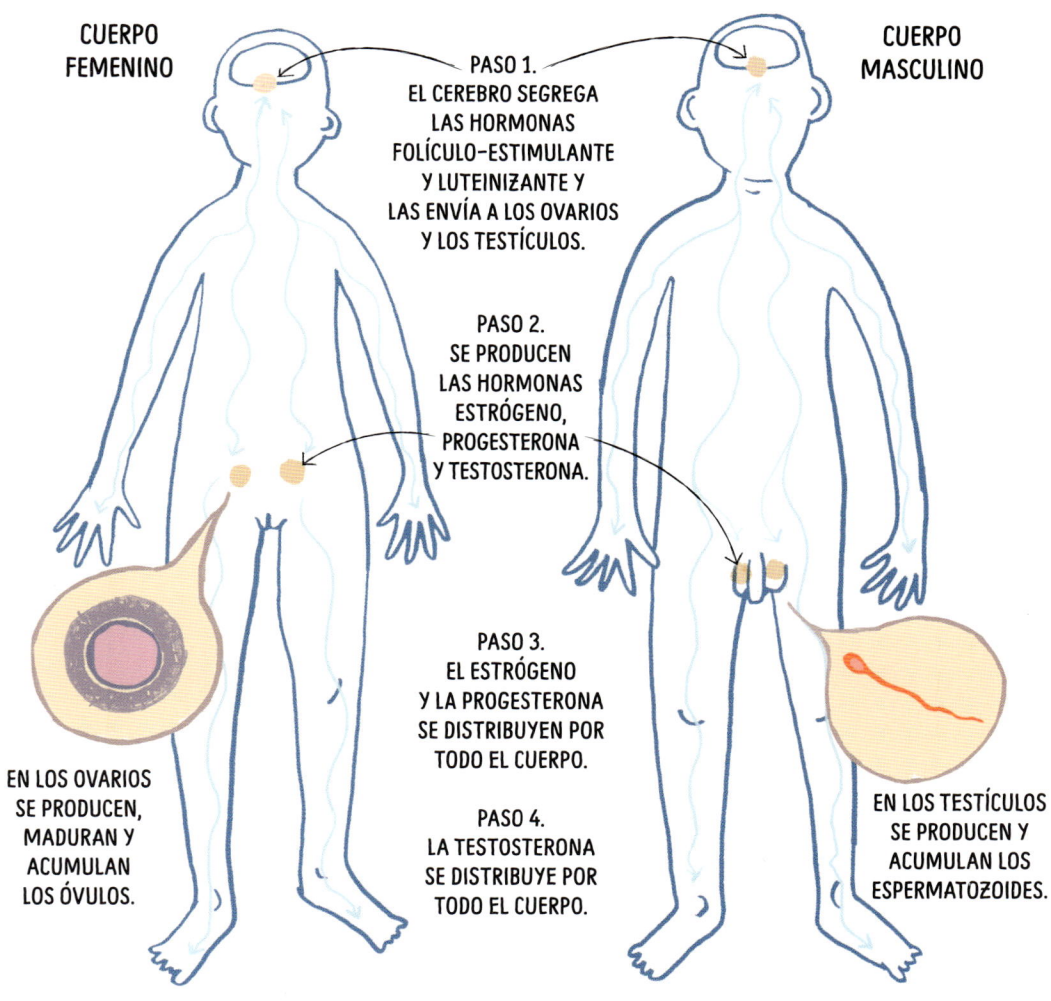

FLUJO HORMONAL QUE PROVOCA EL INICIO DE LA PUBERTAD Y LUEGO LA MANTIENE

CUERPO FEMENINO

CUERPO MASCULINO

PASO 1.
EL CEREBRO SEGREGA LAS HORMONAS FOLÍCULO-ESTIMULANTE Y LUTEINIZANTE Y LAS ENVÍA A LOS OVARIOS Y LOS TESTÍCULOS.

PASO 2.
SE PRODUCEN LAS HORMONAS ESTRÓGENO, PROGESTERONA Y TESTOSTERONA.

PASO 3.
EL ESTRÓGENO Y LA PROGESTERONA SE DISTRIBUYEN POR TODO EL CUERPO.

PASO 4.
LA TESTOSTERONA SE DISTRIBUYE POR TODO EL CUERPO.

EN LOS OVARIOS SE PRODUCEN, MADURAN Y ACUMULAN LOS ÓVULOS.

EN LOS TESTÍCULOS SE PRODUCEN Y ACUMULAN LOS ESPERMATOZOIDES.

El estirón

El estirón es uno de los primeros cambios de la pubertad. Durante esta fase, el cuerpo crece a la misma velocidad que a los dos años de edad. Luego sigue creciendo hasta alcanzar la estatura adulta, lo que suele suceder entre los 15 y los 20 años.

La estatura adulta

Aunque es imposible predecir la estatura adulta con exactitud, lo normal es alcanzar el doble de estatura que a los dos años. Actualmente, la estatura media mundial para una mujer adulta es de 159 cm, y para un hombre adulto, de 171 cm. La mayoría de la gente acaba siendo más baja o alta que esta media mundial.

A ritmos distintos

Las chicas suelen dar el estirón a los 10 años y medio, y los chicos, a los 12 y medio, aunque pueden darlo en cualquier momento a lo largo de la pubertad. La edad a la que se da el estirón no tiene nada que ver con la estatura que se acaba alcanzando. También hay gente que va creciendo poco a poco sin dar un estirón.

EN ESTAS ILUSTRACIONES VEMOS LAS ALTURAS ALCANZADAS POR ÁLEX Y ADRI A DISTINTAS EDADES. PUEDE QUE CREZCAS A ESTE RITMO Y PUEDE QUE NO.

A LOS 10 AÑOS...

ÁLEX
138 CM

ADRI
138 CM

A LOS 12 AÑOS...

ÁLEX
158 CM

ADRI
146 CM

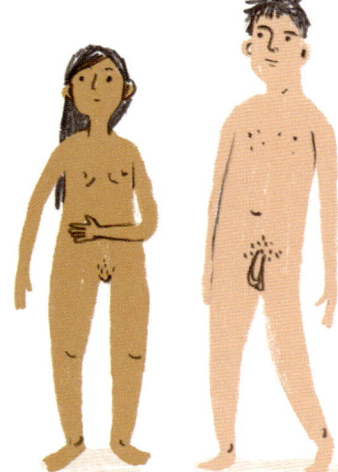

A LOS 16 AÑOS...

ÁLEX
168 CM

ADRI
183 CM

¿Qué me pongo?

A veces, durante el estirón, resulta
complicado encontrar la talla correcta.
El motivo es que distintas partes del cuerpo crecen
y se desarrollan a ritmos diferentes. Primero lo hacen
las manos y los pies, luego los brazos y las piernas,
y alrededor de un año más tarde, el resto del cuerpo.
Todo acaba armonizándose, aunque hasta que pasa,
el cuerpo puede dar la sensación de extrañeza.

¿POR QUÉ
NO ME QUEDA
BIEN LA ROPA?

Así crecen los huesos

Los huesos largos de los brazos y las piernas contienen
en los extremos un tejido flexible llamado cartílago.
Los huesos se van alargando a medida que crecen
los cartílagos y, cuando termina la etapa de crecimiento,
ambos se fusionan.

Dolores de crecimiento

Durante la pubertad es posible que sufras dolores
en los músculos de las piernas, a menudo por la noche.
Se desconoce su causa.

**CONSEJOS PARA ALIVIAR
LOS DOLORES DE CRECIMIENTO:**

- DATE UN MASAJE EN LAS PIERNAS.

- COLÓCATE ALGO CALIENTE, COMO
  POR EJEMPLO UNA BOLSA DE AGUA
  O UN SAQUITO DE SEMILLAS, DEBAJO
  DE LAS PIERNAS PARA DORMIR.

- DATE UNA DUCHA O UN BAÑO DE AGUA
  CALIENTE ANTES DE ACOSTARTE.

¡QUÉ ALIVIO!

Cambios en la figura

Durante la pubertad, además de crecer en altura, el cuerpo cambia de forma, por lo que es posible que acabe algo más musculoso, con más curvas, más ancho o más delgado que antes. Todos los cuerpos son diferentes y cada uno cambia a su manera.

La musculatura

Al comenzar la pubertad, el cuerpo se compone aproximadamente de un 25% de músculo. Este porcentaje aumenta hasta alcanzar el 40% en la edad adulta. Por lo general, los hombres tienen más masa muscular que las mujeres. Con el aumento de la musculatura, verás que tendrás más fuerza. La fuerza también varía de una persona a otra, aunque siempre se puede mejorar con ejercicio.

Los hombros y las caderas

Cuando te desarrollas, es bastante común que se te ensanchen los hombros o las caderas. A las mujeres se les suelen ensanchar más las caderas a fin de que haya espacio suficiente para que nazca un bebé. En la pubertad también se suele acumular un poco más de grasa, que normalmente desaparece al final del estirón. Las diferencias entre los anchos de hombros y caderas dan lugar a la gran variedad de cuerpos que existe en el mundo.

HOMBROS ANCHOS

CADERAS ANCHAS

HOMBROS ESTRECHOS

CADERAS ESTRECHAS

CADERAS ESTRECHAS

Los "gallitos"

La laringe, órgano que se encuentra dentro de la garganta, también crece, lo que hace que la voz se vuelva más grave, un cambio que se produce gradualmente.

Por lo general, los hombres tienen la laringe más grande que las mujeres y a menudo les sobresale del cuello. Es lo que llamamos la nuez.

A VECES ME SALE UN GALLITO AL HABLAR, PORQUE MI CUERPO NO ESTÁ ACOSTUMBRADO A UNA LARINGE GRANDE. EN UNOS MESES, ME DEJARÁ DE PASAR.

NUEZ

Los pelos

Impulsado por las hormonas sexuales, el vello empieza a crecer en ciertas partes del cuerpo cuando se llega a la pubertad.

Vello púbico

El vello púbico es el pelo que sale alrededor de los genitales. Al principio crece fino, pero luego se vuelve más grueso, como el de la cabeza. Aunque tengas el pelo lacio, puede que te salga rizado o incluso de otro color.

El vello corporal

En la pubertad, el vello de piernas y brazos suele crecer. A muchos chicos les sale vello en el pecho, y a veces también en la barriga, en la espalda, los hombros, las manos y los pies. Todo es normal.

¿QUIÉN CREES QUE TIENE MÁS PELO?

¡JA, JA! ¿ESTAMOS COMPITIENDO?

Las axilas (sobacos)

Normalmente, en las axilas el vello aparece un año o dos después de que salga el vello púbico. No se sabe qué función tiene, aunque hay quien cree que sirve para atrapar nuestro olor corporal, que podría ser atractivo para otras personas.

La barba sale en las últimas fases de la pubertad masculina, aunque a muchas chicas también les crece una capa más o menos fina de vello en la cara, de un color más o menos oscuro. Todo es normal.

LO PRIMERO QUE SUELE SALIR ES EL BIGOTE: EL VELLO SOBRE EL LABIO SUPERIOR.

¿Me los quito?

Hay gente a quien le gusta el vello corporal y otra que prefiere afeitarse o depilarse. Ninguna opción es mejor que la otra, sino cuestión de gustos.

¿ME DEPILO LAS PIERNAS?

¡PASA!

CON EL CUERPO DEPILADO SIENTO COMO SI NADARA MÁS RÁPIDO.

CÓMO ME ESCUECEN LOS SOBACOS... NO DEBÍ AFEITÁRMELOS.

TENGO LA BARBA MUY DESALIÑADA. DEBERÍA AFEITÁRMELA.

LA BARBA ESTÁ MUY BIEN VISTA EN MI RELIGIÓN. YO ME ARREGLO LA MÍA TODOS LOS DÍAS.

Mamas y sujetadores

Uno de los principales cambios en la pubertad femenina es el desarrollo de las mamas (o pechos); primero crece el botón mamario (un pequeño disco bajo el pezón), y a partir de ahí aumentan de volumen. Algunos chicos desarrollan un botón mamario que más tarde desaparece.

De todas las formas y todos los tamaños

Hay mamas de muchas formas y tamaños y todas son normales. No es mejor tenerlas de una manera u otra. Es posible sentir alguna molestia mientras crecen, y que una se desarrolle más rápido que la otra. Suelen igualarse más adelante, pero nadie las tiene idénticas.

ESTOS SON EJEMPLOS DE MAMAS DE PERSONAS ADULTAS.

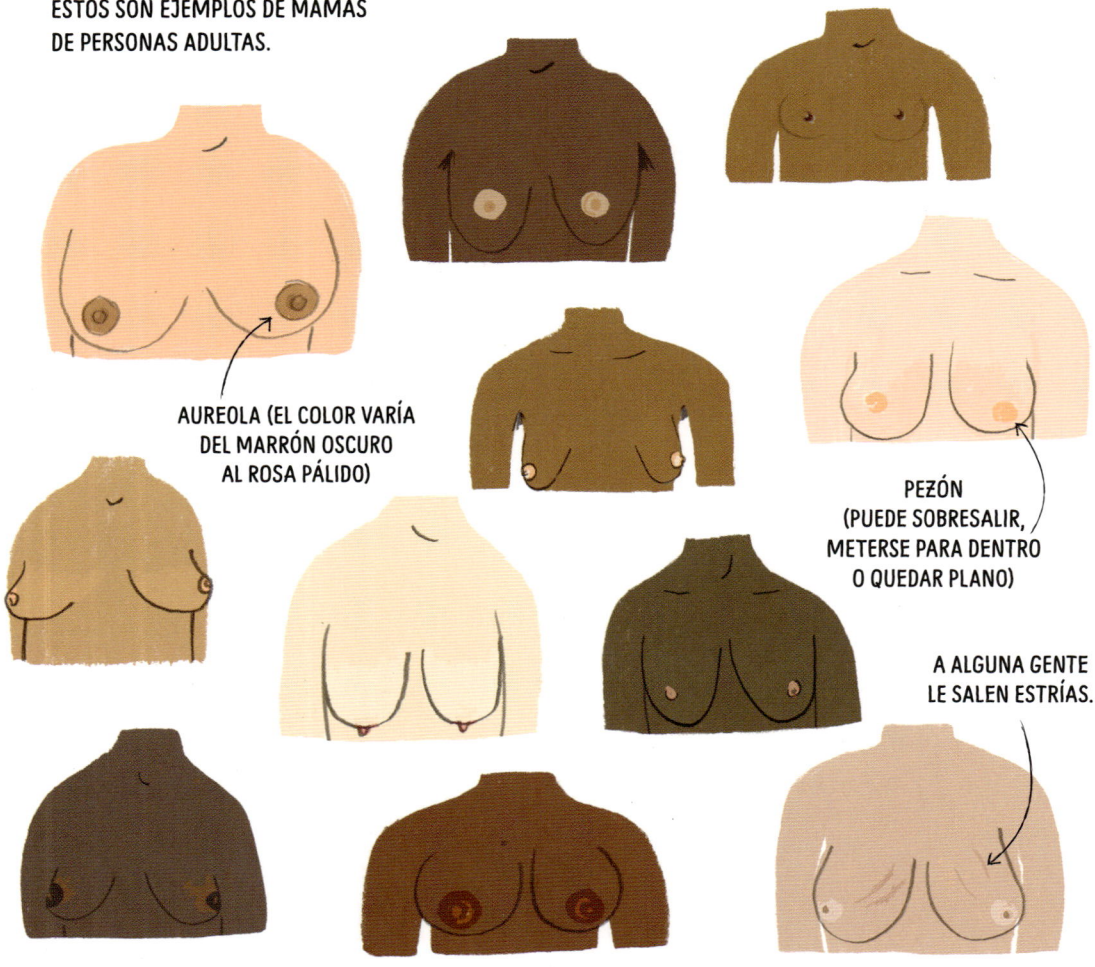

AUREOLA (EL COLOR VARÍA DEL MARRÓN OSCURO AL ROSA PÁLIDO)

PEZÓN (PUEDE SOBRESALIR, METERSE PARA DENTRO O QUEDAR PLANO)

A ALGUNA GENTE LE SALEN ESTRÍAS.

¿Me pongo sujetador?

La elección es tuya. Tú decides cuándo empezar a ponértelo, si eso es lo que quieres. A mucha gente le resulta más cómodo usarlo, sobre todo a la hora de practicar deporte.

Si vas a ponerte sujetador, lo mejor es que vayas a una tienda donde te ayuden a elegir tu talla y el modelo que más te convenga.

HACE AÑOS QUE USO SUJETADORES DE TIPO CAMISETA, SIN AROS. SON SÚPER CÓMODOS.

YO PREFIERO LOS SUJETADORES DEPORTIVOS.

¿ME TENGO QUE DESNUDAR PARA QUE ME MIDAN LA TALLA?

¡PARA NADA! DE HECHO, SI TE INCOMODA QUITARTE LA CAMISETA, LA DEPENDIENTA PUEDE CALCULAR LA TALLA CON LA ROPA PUESTA.

La lactancia

Las mamas producen leche durante el embarazo para alimentar al bebé.

Las mamas almacenan leche en unos conductos finos que van hasta los pezones, donde hay unos poros diminutos. Cuando el bebé succiona, la leche sale por esos poros.

LA LECHE PASA DE LOS CONDUCTOS AL PEZÓN.

Los órganos femeninos

Los órganos sexuales, como el resto del cuerpo, se desarrollan durante la pubertad. La mayoría de los órganos sexuales femeninos son internos, por lo que muchos de los cambios que se producen no son visibles.

Los genitales femeninos

El órgano sexual femenino más visible es la vulva. La única manera de verte bien la vulva es con un espejo. Las vulvas son muy diversas, de modo que no debes preocuparte si la tuya no es igual que esta.

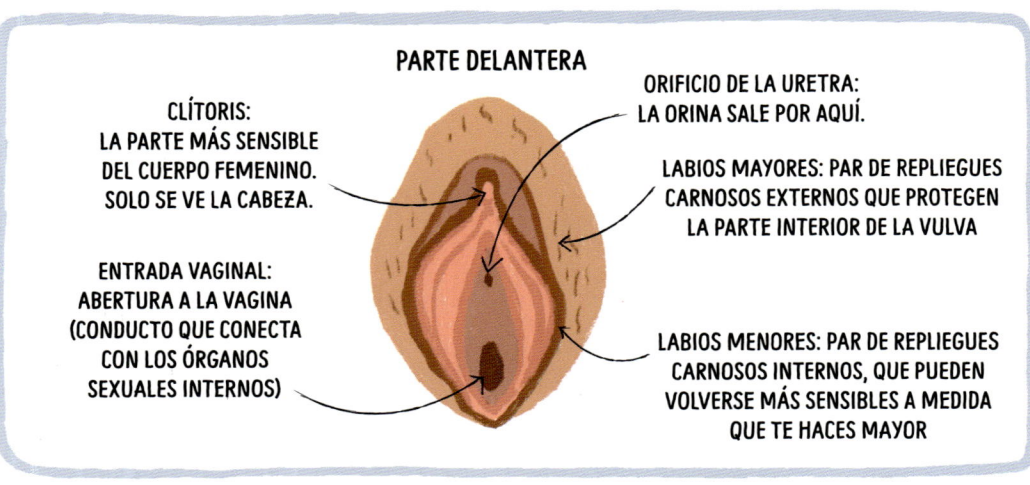

PARTE DELANTERA

CLÍTORIS:
LA PARTE MÁS SENSIBLE DEL CUERPO FEMENINO. SOLO SE VE LA CABEZA.

ENTRADA VAGINAL: ABERTURA A LA VAGINA (CONDUCTO QUE CONECTA CON LOS ÓRGANOS SEXUALES INTERNOS)

ORIFICIO DE LA URETRA: LA ORINA SALE POR AQUÍ.

LABIOS MAYORES: PAR DE REPLIEGUES CARNOSOS EXTERNOS QUE PROTEGEN LA PARTE INTERIOR DE LA VULVA

LABIOS MENORES: PAR DE REPLIEGUES CARNOSOS INTERNOS, QUE PUEDEN VOLVERSE MÁS SENSIBLES A MEDIDA QUE TE HACES MAYOR

¡TENGO LOS LABIOS MÁS OSCUROS QUE EL RESTO DE LA PIEL!

La forma, el tamaño y el color de los labios son muy diversos. Los labios menores del lado izquierdo y derecho suelen ser de distinto tamaño y a veces hasta sobresalen.

NUNCA ME HABÍA MIRADO LA VULVA.

Los órganos sexuales femeninos internos

Los órganos sexuales internos se encuentran en el bajo vientre, protegidos por los huesos de la pelvis. En este dibujo se muestra cómo son si los pudieras ver de frente a través de la barriga.

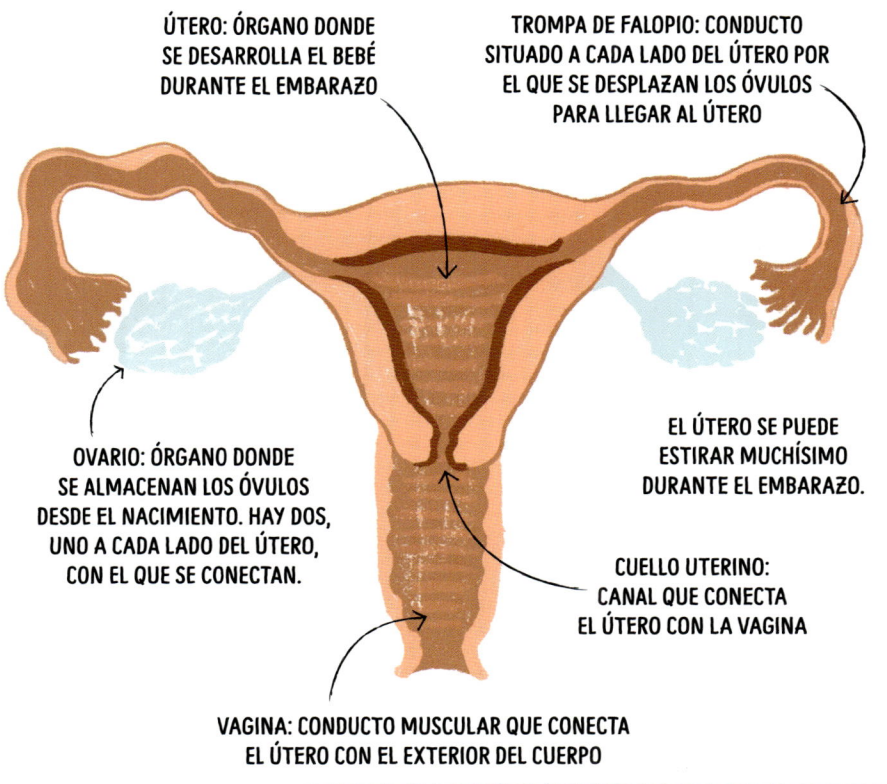

ÚTERO: ÓRGANO DONDE SE DESARROLLA EL BEBÉ DURANTE EL EMBARAZO

TROMPA DE FALOPIO: CONDUCTO SITUADO A CADA LADO DEL ÚTERO POR EL QUE SE DESPLAZAN LOS ÓVULOS PARA LLEGAR AL ÚTERO

OVARIO: ÓRGANO DONDE SE ALMACENAN LOS ÓVULOS DESDE EL NACIMIENTO. HAY DOS, UNO A CADA LADO DEL ÚTERO, CON EL QUE SE CONECTAN.

EL ÚTERO SE PUEDE ESTIRAR MUCHÍSIMO DURANTE EL EMBARAZO.

CUELLO UTERINO: CANAL QUE CONECTA EL ÚTERO CON LA VAGINA

VAGINA: CONDUCTO MUSCULAR QUE CONECTA EL ÚTERO CON EL EXTERIOR DEL CUERPO

La ovulación

Durante la pubertad, los óvulos comienzan a madurar y a salir de los ovarios. Por lo general, los ovarios se van turnando para expulsar un óvulo cada mes, durante la fase llamada ovulación. El óvulo se desplaza entonces hasta el útero por la trompa de Falopio más cercana.

Cuando una persona mantiene relaciones sexuales durante esta fase de ovulación, es posible que se quede embarazada. Averigua más cosas sobre este tema en la página 31.

La menstruación

La menstruación, también llamada regla o periodo, sucede cuando la capa que recubre el útero por dentro se desprende y provoca un poco de sangrado que sale por la vagina. Esto sucede entre 10 y 16 días después de la ovulación y es perfectamente natural.

¿Por qué se menstrúa?

Todos los meses, la capa que recubre el útero se engrosa en preparación para un posible embarazo. Cuando el embarazo no se produce, la capa se desprende y comienza el sangrado.

La menstruación aparece por primera vez a cualquier edad entre los 8 y los 17 años; normalmente, un par de años tras el desarrollo de las mamas.

> A MÍ TODAVÍA NO ME HA VENIDO.

> BUENO... YA TE LLEGARÁ. NO TE PREOCUPES.

> YA HAN PASADO CINCO SEMANAS DESDE QUE TUVE MI PRIMERA REGLA. ¿NO ME TOCA YA?

> PUEDE QUE TU CICLO SEA MÁS LARGO O QUE SEA IRREGULAR. AL PRINCIPIO ES NORMAL QUE EL CICLO VARÍE Y EL PERIODO TE VENGA A INTERVALOS DIFERENTES.

¿Cuánto dura y cada cuánto?

La menstruación se produce cada cuatro semanas (28 días) aproximadamente, aunque un ciclo puede variar de 20 a 35 días. El sangrado dura entre dos y ocho días, más o menos, siendo la media de cinco días. La cantidad también varía según el día.

El ciclo menstrual

Estas ilustraciones representan las distintas fases del ciclo menstrual y lo que sucede en los órganos sexuales a lo largo de un mes típico.

Día 1 Comienza el periodo.

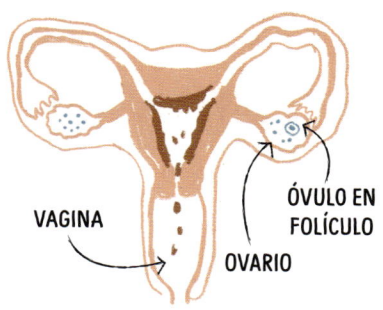

VAGINA

ÓVULO EN FOLÍCULO

OVARIO

Sale un flujo con sangre por la vagina. En un saquito o folículo de un ovario empieza a desarrollarse un óvulo.

Día 5 Termina el periodo.

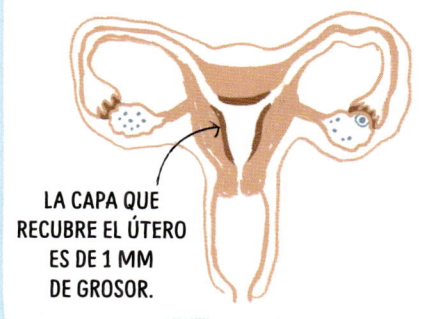

LA CAPA QUE RECUBRE EL ÚTERO ES DE 1 MM DE GROSOR.

El folículo produce la hormona estrógeno, la cual hace que la capa que recubre el útero se engrose de nuevo.

Día 14 Ovulación

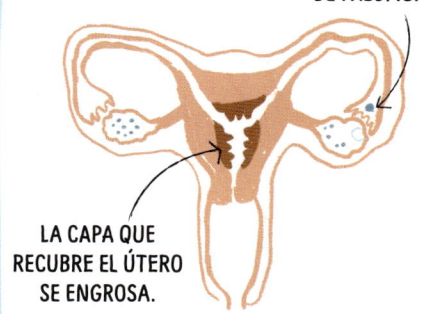

EL ÓVULO ENTRA EN LA TROMPA DE FALOPIO.

LA CAPA QUE RECUBRE EL ÚTERO SE ENGROSA.

El óvulo ya maduro entra en la trompa de Falopio. El folículo vacío empieza a liberar progesterona, que hace que el útero se vuelva más blando y esponjoso.

Día 21 No hay embarazo.

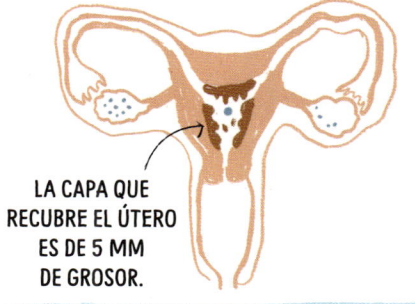

LA CAPA QUE RECUBRE EL ÚTERO ES DE 5 MM DE GROSOR.

Tanto el óvulo como el folículo se han disuelto. Los niveles de estrógeno y progesterona caen y la capa del útero empieza a desprenderse. Una semana más tarde comienza otro ciclo.

Productos higiénicos para la menstruación

El flujo menstrual se compone de células de la capa que recubre el útero mezcladas con un poco de sangre. Existe una variedad de productos higiénicos para la menstruación, como compresas o tampones.

Compresas

Las compresas se pegan al interior de las bragas y absorben el flujo menstrual. Las hay de distintos tamaños y grosores para así adaptarse mejor a todo tipo de cuerpos y cantidad de flujo. Son fáciles de usar y se ve con claridad cuándo hay que cambiarlas.

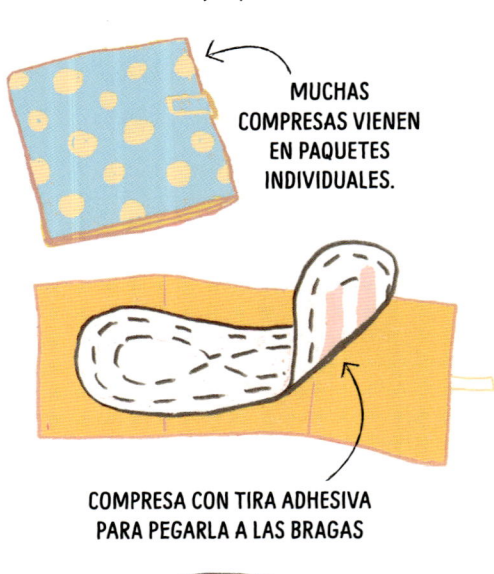

MUCHAS COMPRESAS VIENEN EN PAQUETES INDIVIDUALES.

COMPRESA CON TIRA ADHESIVA PARA PEGARLA A LAS BRAGAS

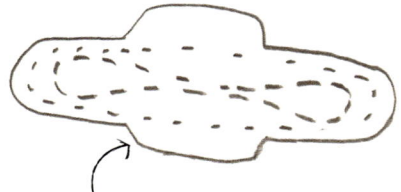

COMPRESA CON ALAS QUE SE PEGAN POR DEBAJO DE LAS BRAGAS PARA FIJARLA MEJOR

Tampones

Los tampones se colocan dentro de la vagina y absorben la sangre menstrual antes de que salga del cuerpo. Los hay de distintos tamaños para adaptarse a todo tipo de vaginas y cantidad de flujo. Cuando está bien colocado, el tampón no se nota que se lleva.

Mucha gente los usa cuando va a la playa o la piscina, ya que las compresas se empapan al entrar en contacto con el agua y dejan de absorber.

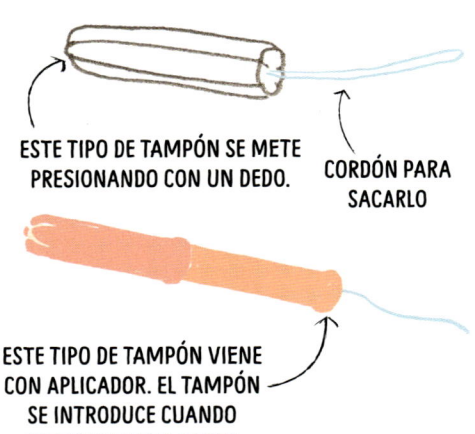

ESTE TIPO DE TAMPÓN SE METE PRESIONANDO CON UN DEDO.

CORDÓN PARA SACARLO

ESTE TIPO DE TAMPÓN VIENE CON APLICADOR. EL TAMPÓN SE INTRODUCE CUANDO PRESIONAS ESTA PARTE.

NUNCA TIRES TAMPONES NI COMPRESAS AL INODORO. PRODUCEN ATASCOS EN LOS BAJANTES Y CONTAMINAN EL MEDIO AMBIENTE. SI NO HAY PAPELERA, GUÁRDALOS EN UNA BOLSITA PARA TIRARLOS A LA BASURA MÁS TARDE.

Productos reutilizables

Las copas y las bragas menstruales son más ecológicas que los tampones y las compresas, ya que se pueden lavar y reutilizar una y otra vez.

Las bragas menstruales absorben el flujo menstrual. Las copas se meten en la vagina y recogen la sangre en vez de absorberla.

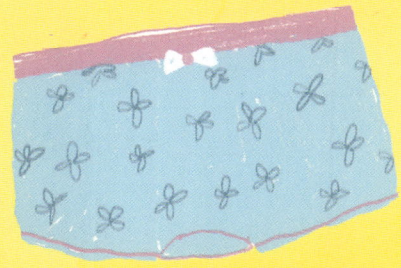

HAY BRAGAS MENSTRUALES DE MUCHOS ESTILOS.

ZONA ABSORBENTE

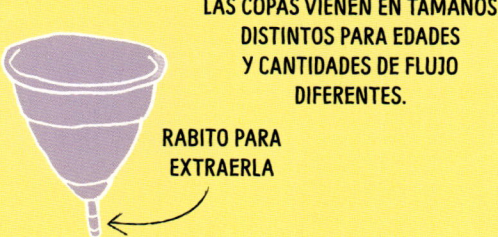

LAS COPAS VIENEN EN TAMAÑOS DISTINTOS PARA EDADES Y CANTIDADES DE FLUJO DIFERENTES.

RABITO PARA EXTRAERLA

La inserción de tampones o copas

A la hora de elegir un tampón o una copa menstrual, conviene empezar con un tamaño pequeño; puedes cambiar a otro mayor si ves que lo necesitas. El mejor momento para usar un tampón o copa por primera vez es cuando el flujo es más abundante. No te agobies si no entra a la primera; sigue intentándolo. Puede que te sea más fácil con un espejo.

¿Cuándo cambiarse?

Conviene que te cambies de compresa, braga o tampón, o que vacíes y enjuagues la copa cada 4-6 horas. Por la noche, puedes probar a ponerte una compresa nocturna, que es más absorbente.

Lee las instrucciones que vienen con la copa o las bragas menstruales para lavarlas.

YO PREFIERO LA COPA.

YO LLEVO BRAGAS MENSTRUALES.

El autocuidado menstrual

La menstruación es algo natural, pero puede que te cueste un poco acostumbrarte.

Por si acaso...

Al principio, puede que no aciertes a predecir cuándo vas a tener la regla. Por si te pillara desprevenida, es buena idea llevar en la mochila un tampón o una compresa, y también unas bragas por si te viniera y se te mancharan.

Si por casualidad te viene el periodo en clase y no llevas nada contigo, habla con una profesora. En muchos baños públicos hay máquinas expendedoras de productos de higiene menstrual.

¡VAYA! SE ME HAN MANCHADO LOS VAQUEROS.

NO PASA NADA. CON LA SUDADERA ATADA A LA CINTURA, NO SE VERÁ.

Dolores menstruales

Los dolores de barriga son frecuentes durante los primeros días de la menstruación. Se cree que se deben a las contracciones que provocan las hormonas en los músculos del útero.

A MÍ ME SIENTA BIEN TUMBARME Y PONERME UNA BOLSA DE AGUA CALIENTE EN LA BARRIGA.

CONSEJOS PARA ALIVIAR LOS DOLORES MENSTRUALES:

- TOMA UN ANALGÉSICO.
- HAZ EJERCICIO MODERADO.
- DATE UNA DUCHA RELAJANTE.
- DATE UN MASAJE SUAVE EN LA BARRIGA.
- SI EL DOLOR ES DEMASIADO INTENSO Y NO SE ALIVIA, ACUDE A TU CENTRO DE SALUD.

El síndrome premenstrual

Mucha gente tiene molestias diversas los días anteriores a la menstruación provocadas por los cambios hormonales. Son frecuentes el dolor de mamas, de cabeza, el cansancio, el estómago hinchado, la aparición de granos, la irritabilidad y el desánimo, o incluso la sensación de depresión.

No existe un tratamiento de eficacia demostrada para el síndrome premenstrual, pero se aconseja dormir bien y hacer ejercicio.

Flujo abundante

Por lo general, la menstruación empieza con un flujo escaso que se vuelve abundante durante un par de días y luego va reduciéndose hasta que acaba. Hay gente que tiene un flujo leve toda la menstruación, y otra que lo tiene muy abundante. Ambos son normales, pero si tu flujo es tan abundante que te causa problemas, debes consultarlo en tu centro de salud.

HOY HE USADO YA SEIS COMPRESAS DE LAS SÚPER, Y LLEVO ASÍ VARIOS DÍAS; NO VA A MENOS.

Menstruaciones irregulares

A menudo, los ciclos son irregulares durante los dos primeros años de menstruación; incluso puedes pasar meses sin regla. Con el tiempo, las hormonas suelen encontrar su ritmo. Los ciclos irregulares también pueden deberse a enfermedad o estrés.

SI NO TE VIENE Y HAS TENIDO RELACIONES SEXUALES DESPUÉS DE LA ÚLTIMA REGLA, PODRÍAS ESTAR EMBARAZADA.

NO HE TENIDO RELACIONES, ASÍ QUE NO ES MÁS QUE UN SIMPLE RETRASO.

Los órganos masculinos

El cambio más visible en los órganos sexuales masculinos durante la pubertad es el aumento de tamaño del pene y los testículos. Puede que también tengas más erecciones (cuando el pene se te pone rígido).

Los genitales masculinos

En la pubertad, los testículos empiezan a crecer. A continuación, lo hace el pene. Los testículos también se descuelgan, y por lo general, uno más que otro. También es posible que uno de los testículos sea más grande que el otro. Así son los genitales masculinos y sus partes internas:

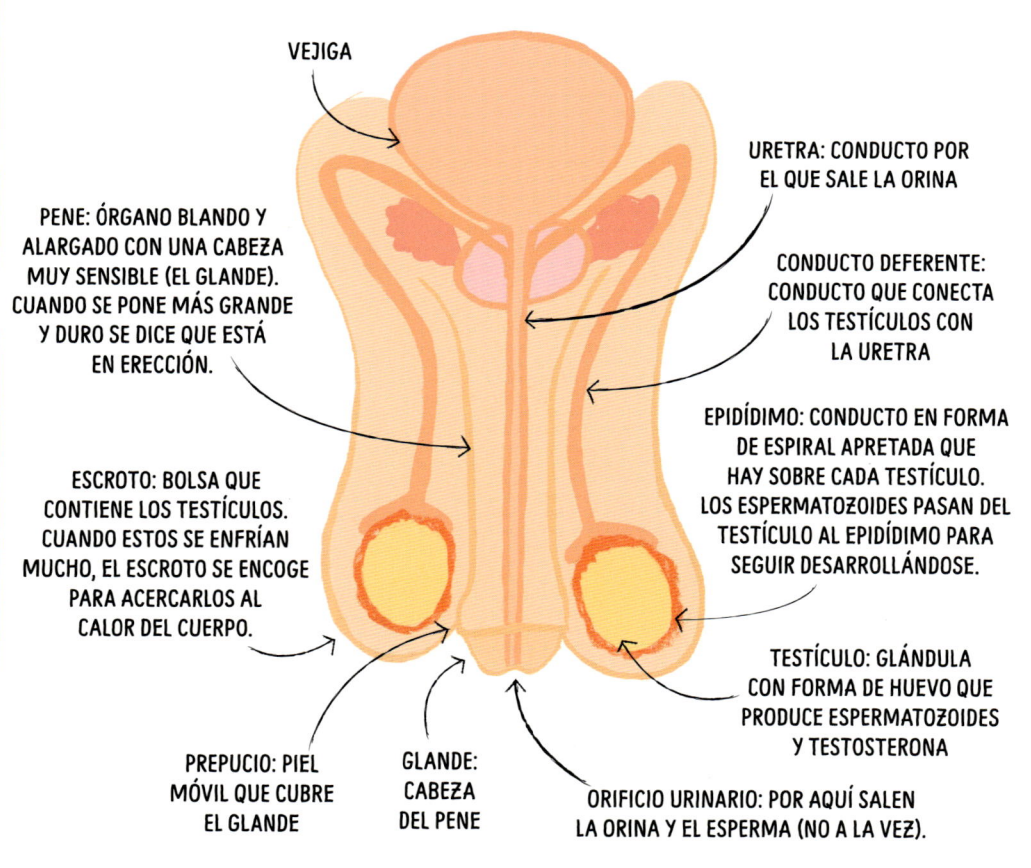

VEJIGA

URETRA: CONDUCTO POR EL QUE SALE LA ORINA

PENE: ÓRGANO BLANDO Y ALARGADO CON UNA CABEZA MUY SENSIBLE (EL GLANDE). CUANDO SE PONE MÁS GRANDE Y DURO SE DICE QUE ESTÁ EN ERECCIÓN.

CONDUCTO DEFERENTE: CONDUCTO QUE CONECTA LOS TESTÍCULOS CON LA URETRA

EPIDÍDIMO: CONDUCTO EN FORMA DE ESPIRAL APRETADA QUE HAY SOBRE CADA TESTÍCULO. LOS ESPERMATOZOIDES PASAN DEL TESTÍCULO AL EPIDÍDIMO PARA SEGUIR DESARROLLÁNDOSE.

ESCROTO: BOLSA QUE CONTIENE LOS TESTÍCULOS. CUANDO ESTOS SE ENFRÍAN MUCHO, EL ESCROTO SE ENCOGE PARA ACERCARLOS AL CALOR DEL CUERPO.

TESTÍCULO: GLÁNDULA CON FORMA DE HUEVO QUE PRODUCE ESPERMATOZOIDES Y TESTOSTERONA

PREPUCIO: PIEL MÓVIL QUE CUBRE EL GLANDE

GLANDE: CABEZA DEL PENE

ORIFICIO URINARIO: POR AQUÍ SALEN LA ORINA Y EL ESPERMA (NO A LA VEZ).

De todas las formas y todos los tamaños

Es muy difícil encontrar dos penes iguales. Los hay de formas, tamaños y color de piel muy diversos. Muchos no tienen prepucio, normalmente porque se han sometido a una operación, llamada circuncisión, por razones culturales, religiosas o de salud.

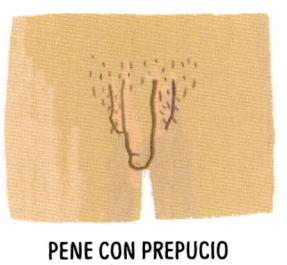

PENE CON PREPUCIO (INCIRCUNCISO)

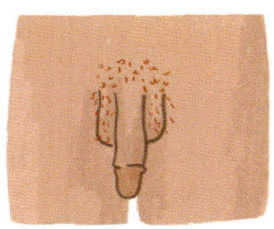

PENE SIN PREPUCIO (CIRCUNCISO)

HAY PENES QUE SE INCLINAN A IZQUIERDA O DERECHA.

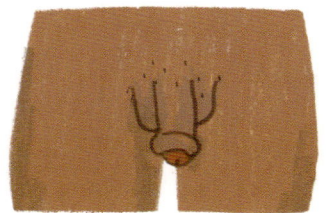

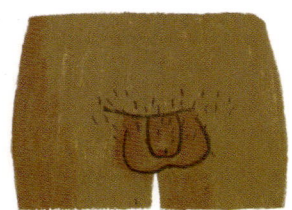

ES POSIBLE QUE EL PREPUCIO NO CUBRA EL GLANDE POR COMPLETO.

Erecciones espontáneas

Una erección se produce cuando la sangre fluye hacia el pene a mayor velocidad de la que sale de él. Esto provoca que se agrande, se endurezca y se aparte del cuerpo.

Durante la pubertad, las erecciones se producen con frecuencia y sin motivo aparente, pero en general ocurren cuando se toca el pene o se piensa en besar o tocar a otra persona.

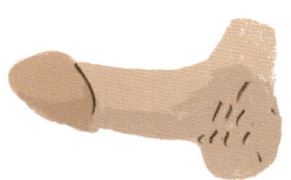

CUANDO TIENES UNA ERECCIÓN, ES NORMAL QUE EL PREPUCIO SE RETIRE SOLO.

LOS PENES ERECTOS PUEDEN SER MÁS GRANDES QUE EN REPOSO, PERO NO NECESARIAMENTE.

LOS PENES ERECTOS SUELEN CURVARSE A IZQUIERDA, DERECHA, ARRIBA O ABAJO.

Los cuerpos se excitan

A medida que aumentan los niveles de hormonas sexuales y que se desarrollan los órganos reproductivos, es perfectamente natural que se despierte la curiosidad por conocer el cuerpo propio.

¿Conozco mi cuerpo?

Querer conocerse y explorarse no tiene nada de malo. Puede que te llamen la atención tus genitales, que están cambiando tanto, u otras zonas sexualmente sensibles. También es normal que no te interesen para nada. En caso de querer explorarlos, busca un lugar privado.

BENEFICIOS DE LA MASTURBACIÓN:

- **REDUCE EL ESTRÉS**
- **MEJORA LA CONCENTRACIÓN**
- **MEJORA EL SUEÑO**
- **REDUCE LOS DOLORES MENSTRUALES**

NO MOLESTAR

La masturbación

La masturbación consiste en estimular los genitales de algún modo; normalmente, se acaricia la zona alrededor del clítoris o se frota el pene de arriba abajo. Masturbarse suele ser algo placentero y es una forma sana y segura de explorar la sexualidad propia.

Los orgasmos

La masturbación puede provocar una sensación de placer muy intensa que se extiende de los genitales a la totalidad del cuerpo. Esta sensación se denomina orgasmo y suele dar paso a una gran relajación.

El orgasmo masculino a menudo supone la eyaculación del semen: un líquido blanquecino que sale por la punta del pene y contiene millones de espermatozoides que proceden de los testículos, aunque son tan pequeños que no se ven.

HE TENIDO UN ORGASMO SIN SEMEN. ¿ESO ES NORMAL?

PARA PRODUCIR SEMEN, PRIMERO EL CUERPO DEBE DESARROLLARSE BASTANTE.

SI EYACULAS, LIMPIA EL SEMEN, YA QUE PUEDE DEJAR MANCHAS EN LA ROPA, AUNQUE SE LAVA FÁCILMENTE.

Sueños eróticos

Durante la pubertad, puede que tengas sueños eróticos que te estimulen sexualmente y te provoquen una secreción vaginal o una erección del pene. A veces, puedes experimentar orgasmos mientras duermes. También hay mucha gente que ni tiene sueños eróticos ni experimenta orgasmos nocturnos. Todo es normal.

LAS EYACULACIONES NOCTURNAS SON PERFECTAMENTE NORMALES Y EN ALGUNAS ÉPOCAS PUEDE QUE TENGAS QUE CAMBIAR LAS SÁBANAS CASI A DIARIO.

HE TENIDO UN SUEÑO ERÓTICO.

¿QUÉ ES ERÓTICO?

El sexo

Cuando hablamos de sexo podemos referirnos a dos cosas. Se usa para describir el tipo de cuerpo que se tiene según los genitales con los que se ha nacido, y también alude a la actividad sexual.

Por lo general, cuando la gente tiene relaciones sexuales, se quita la ropa, se besa, se toca y frota su cuerpo con el de otra persona. También es bastante común que se toquen los genitales, lo cual puede provocar un orgasmo.

Cada persona vive el sexo a su manera. Lo fundamental es que las dos personas implicadas elijan libremente el encuentro sexual.

¡CÓMO ME GUSTA!

Las emociones

El sexo puede ser algo muy placentero. Se pueden sentir emociones muy intensas de alegría, bienestar y conexión con la otra persona durante y después del sexo.

También hay gente que siente ansiedad al pensar en el sexo, y no hay que olvidar que puede tener consecuencias serias, como los embarazos.

¿SEGURO QUE QUIERES HACERLO?

SEGURÍSIMO.

Hacer el amor

Hay gente que llama "hacer el amor" a mantener relaciones sexuales. Esta expresión se usa porque para la gente enamorada las relaciones sexuales suelen ser una forma de expresar su afecto. También es una manera placentera de conectarse como pareja.

Los embarazos

La penetración es un tipo de encuentro sexual en el cual un pene erecto se introduce en una vagina y, generalmente, ambas personas se mueven para frotarlos entre sí. Puede sentirse un intenso placer y una o ambas personas pueden tener un orgasmo.

Si el pene eyacula dentro o cerca de la vagina, los espermatozoides se dirigirán hacia las trompas de Falopio. Si allí hay un óvulo, se aglomerarán a su alrededor para intentar fecundarlo.

Si un espermatozoide fecunda un óvulo, puede que empiece a formarse un bebé.

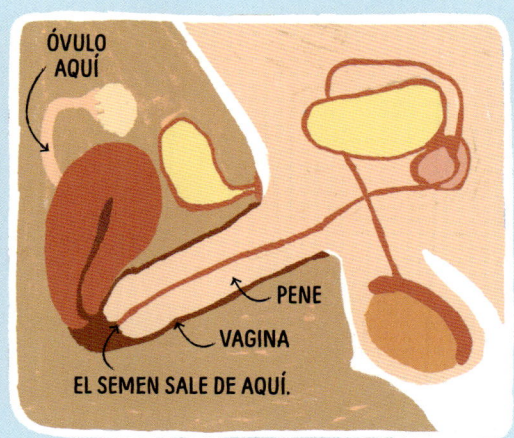

En cualquier encuentro sexual en el que el esperma entre en la vagina es posible que se dé un embarazo. Muchas personas quieren tener relaciones sexuales sin quedarse embarazadas. Para ello emplean distintos métodos anticonceptivos. Encontrarás más información sobre ellos en la página siguiente.

Los métodos anticonceptivos

Cuando una pareja desea tener relaciones sexuales que podrían llevar a un embarazo, pero no quiere tener hijos, emplea métodos anticonceptivos, como preservativos o píldoras anticonceptivas.

Los preservativos

Los preservativos, o condones, son fundas finas y elásticas que se ponen para practicar sexo. Son de dos tipos: el más común se desenrolla sobre el pene para cubrirlo; el otro se coloca dentro de la vagina. Ambos atrapan el semen en la punta.

PRESERVATIVOS PARA PENE

PRESERVATIVO PARA VAGINA

LOS PRESERVATIVOS SON DE UN SOLO USO. DESPUÉS HAY QUE TIRARLOS.

La píldora anticonceptiva

La "píldora" por antonomasia es la píldora anticonceptiva, aunque este nombre abarca una variedad de medicamentos que afectan el ciclo menstrual femenino y evitan que los espermatozoides alcancen y fecunden un óvulo.

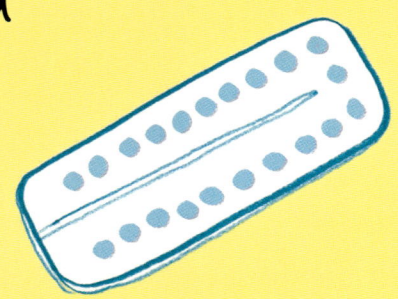

Otras opciones

Existen muchos más métodos anticonceptivos. Cuando una persona siente que está preparada para mantener relaciones sexuales, lo mejor es que pregunte cuáles son las opciones en su centro de salud.

Las enfermedades de transmisión sexual

Hay infecciones que se contagian durante las relaciones sexuales.
Los preservativos son el único método anticonceptivo que protege
de estas infecciones.

¿Qué las causa?

Estas enfermedades las causan organismos diminutos, como los virus
o las bacterias. La mayoría de las enfermedades de transmisión sexual
se contagian a través de los fluidos corporales, como el semen o el flujo
vaginal, durante las relaciones sexuales. Los condones reducen el contacto
con estos fluidos, por lo que protegen del contagio.

Los síntomas

No todo el mundo reacciona igual
a una infección de este tipo. Puede
que alguien que se haya contagiado
no presente ningún síntoma o que
tenga alguno de los siguientes:

- PICOR O DOLOR EN LOS GENITALES

- MOLESTIAS AL ORINAR

- AMPOLLAS O SARPULLIDOS
  EN LA ZONA GENITAL

- SECRECIÓN DE FLUIDOS INUSUALES
  POR LOS GENITALES

Las más comunes

- GONORREA: SE CONTAGIA A TRAVÉS
  DEL SEMEN Y EL FLUJO VAGINAL.
  PUEDE PROVOCAR UNA SECRECIÓN
  AMARILLENTA DE LOS GENITALES.

- CLAMIDIA: SE CONTAGIA A TRAVÉS
  DEL SEMEN Y EL FLUJO VAGINAL.
  PUEDE PROVOCAR ARDOR AL ORINAR,
  DOLORES Y MOLESTIAS

SOMOS PIOJOS PÚBICOS O
LADILLAS Y VIVIMOS EN EL VELLO
PÚBICO. CAUSAMOS PICORES
Y NOS TRANSMITIMOS POR
CONTACTO ÍNTIMO.

Las revisiones médicas

Cuando una persona mantiene relaciones sexuales,
puede pedir que le hagan análisis en su centro de
salud para comprobar si le han contagiado algo
y necesita tratamiento.

Enamoramientos

Durante la pubertad, es perfectamente normal que te guste alguien, que pienses a menudo en esa persona y que te emociones o sientas nervios si vas a verla. Podrías decir que te has enamorado.

Las parejas

Es posible que ya te guste alguien. A medida que te haces mayor, lo más probable es que eso te suceda con más frecuencia y que quieras explorar esos sentimientos que tienes a través de relaciones reales o de fantasías.

Cuando dos personas que se gustan quieren pasar más tiempo juntas, puede que inicien una relación de pareja. Una persona que mantiene una relación de pareja con otra suele referirse a esa persona como mi "novia" o "novio", mi "chica" o "chico" o mi "pareja".

La afectividad

Las muestras de afecto son distintas para cada pareja. A muchas les gusta caminar de la mano o pasar tiempo juntas. También hay parejas que se besan, pero no todas lo hacen.

El amor admirativo

A veces nos gusta mucho alguien, pero no nos interesa como pareja; simplemente nos gustaría parecernos a esa persona. Admirar ciertas características positivas de otras personas, como su aspecto o su forma de ser, pensar o vestir, es perfectamente normal, pero no olvides que tú también posees cualidades dignas de admiración.

JAIRO ES UN TÍO MUY GUAY. YA ME GUSTARÍA SER ASÍ.

LOS DOS SOIS ESTUPENDOS. Y TÚ ERES LA PERSONA MÁS GRACIOSA QUE CONOZCO.

Las fantasías

Cuando imaginas que besas o tocas a alguien que te gusta, tienes una fantasía.

Las fantasías te permiten explorar sentimientos de atracción afectiva o sexual y probar cosas que todavía no has hecho o que no puedes hacer en la vida real.

Los amores platónicos

Es posible que te guste mucho una persona famosa que admiras o un personaje de una novela o de una de tus películas favoritas, y que te imagines cómo sería tener un encuentro con esa persona o parecerte a ella.

BAM!

La orientación

La orientación se refiere al tipo de persona que le suele gustar a alguien. Se suele hablar de orientación sexual, aunque no tiene por qué implicar sexo. A lo mejor solo te interesa abrazar a alguien sin mantener relaciones sexuales. Todas las orientaciones son normales. Aquí verás ejemplos de varias, pero no tienes por qué elegir una ni etiquetarte en modo alguno.

HOLA, JAIRO. ME GUSTAS MUCHO. ¿QUIERES SALIR CONMIGO?

¡CLARO! ¡TÚ A MÍ ME ENCANTAS!

Si eres chica y te gustan los chicos, o si eres chico y te gustan las chicas, lo más probable es que tu orientación sea heterosexual (o hetero).

CARLA Y JAIRO
(HETEROSEXUALES)

OMAR Y LUIS
(HOMOSEXUALES
O GAIS)

Si te suelen gustar lo mismo los chicos que las chicas, puede que seas bisexual (o bi).

ANA
(HOMOSEXUAL
O LESBIANA)

QUÉ GUAPA ES CARLA, ¿VERDAD?

A MÍ ME GUSTA MÁS JAIRO.

MIGUEL
(BISEXUAL)

Si te atraen personas de tu mismo género, puede que tu orientación sea homosexual. Las chicas homosexuales también se llaman lesbianas, y los chicos, gais.

> ME ATRAE GENTE SENTIMENTALMENTE, PERO NO SEXUALMENTE. SOY DE ORIENTACIÓN ASEXUAL.

> SOY HETERO, O SEA QUE ME ATRAEN SEXUALMENTE LOS CHICOS, PERO NO ME INTERESA EL TEMA ROMÁNTICO. SOY ARROMÁNTICA.

> A MÍ NO ME INTERESA NADIE. ¡DESDE LUEGO NO LA GENTE QUE HABLA EN LA BIBLIOTECA!

Nadie

Es posible que no te atraiga nadie. Si apenas sientes atracción romántica o sentimental, podrías ser de orientación arromántica (o arro). Si no te atrae nadie sexualmente, serías asexual (o ase).

¿Seré esto o aquello?

Puede que sientas cierta confusión. Además, a veces los gustos van cambiando, aunque al hacerte mayor e ir experimentando probablemente lo tengas más claro. La atracción que sientes por alguien no es algo que puedas controlar. Tú eres la única persona capaz de definir tu propia orientación, si quieres definirla.

> YO SIMPLEMENTE DIGO QUE SOY QUEER, QUE SIGNIFICA QUE NO SOY HETERO.

> NO SÉ SI SOY GAI O BI...

Sexo consensuado

En algún momento es posible que quieras tener relaciones sexuales con alguien que te guste. Antes de dar ningún paso, comprueba que la otra persona también quiera y tenga la edad suficiente.

La edad mínima

En muchos países, existe una edad mínima de consentimiento sexual. Las relaciones sexuales con menores de esa edad son ilegales.

En muchos países, existe una edad mínima de consentimiento sexual. Las relaciones sexuales con menores de esa edad son ilegales.

La edad de consentimiento indica cuándo es legal mantener relaciones sexuales y no significa que a esa edad tengas que mantenerlas ni que estés preparado o preparada para ello.

¿NOS BESAMOS UN RATO?

PREFIERO SEGUIR JUGANDO A COMBATE XZ... ¡TE ESTOY GANANDO!

¿Cuándo lo estaré?

Puede que nunca sepas con total certeza cuándo estarás listo o lista para mantener relaciones sexuales. Presta atención a cómo te sientes, qué cosas te resultan cómodas y con quién quieres hacerlas. Nadie tiene derecho a presionarte para que hagas algo que no quieres. Si esto ocurre, cuéntaselo a una persona adulta de confianza.

NO DEBES HACER NADA SOLO PORQUE TUS AMIGOS LO HAGAN. TÚ ERES EL ÚNICO QUE SABE SI ESTÁS LISTO.

Y TEN EN CUENTA QUE PUEDE QUE TUS AMIGOS NO DIGAN LA VERDAD. MUCHOS MIENTEN PARA HACERSE LOS MAYORES.

MUCHOS DE MIS AMIGOS SON ACTIVOS SEXUALMENTE. ¿DEBERÍA ANIMARME?

¿Cómo es eso del consentimiento?

Si quieres tocar a una persona, o que te toque, ambos debéis dar vuestro consentimiento, lo que significa que ambos queréis hacerlo, os sentís cómodos y expresáis ese sentimiento con claridad; por ejemplo, respondiendo "Sí". Mucho ojo, porque no decir "No" no equivale a consentir.

¿TE APETECE UN ABRAZO?

¡MUCHO!

AY, NO ME GUSTA IR DE LA MANO.

¡PERDONA! NO TE LA VUELVO A AGARRAR.

ME GUSTAS, PERO NO SÉ SI ESTOY PREPARADA PARA EL SEXO.

¡MENOS MAL, PORQUE YO TAMPOCO!

Cambio de opinión

Aunque hayas respondido que sí a una propuesta, siempre puedes cambiar de opinión. Es tu cuerpo y tú decides en todo momento quién puede tocarlo.

¿NOS BESAMOS AHORA?

YA NO ME APETECE.

¿Qué es el género?

Hay gente que cree que el género es lo mismo que el sexo, pero no es así. El sexo se refiere a las características físicas con las que nace la persona; el género, sin embargo, tiene que ver con cómo piensa y se siente.

> ¿ERES CHICA? NO LO PARECES PARA NADA.

> ESO DA LO MISMO. ME SIENTO CHICA.

Identidad de género

El género es algo que se siente (puedes sentirte niña, niño, ambos o ninguno de los dos) y no tiene por qué corresponderse con el sexo de nacimiento. El género es personal y solo tú puedes definirlo. Puede que ya lo sepas o que no lo tengas claro hasta hacerte mayor. Por otra parte, tú decides si compartir o mantener privada tu identidad de género.

El género y el sexo

Lo más habitual es que las personas de sexo femenino se sientan chicas, y las de sexo masculino, chicos. Si ese es tu caso, eres cisgénero (o cis). Sin embargo, no siempre es así.

Si tu sexo no se corresponde con cómo te sientes, puede que seas transgénero (o trans). Por ejemplo, si eres de sexo masculino pero te sientes chica. Todas las combinaciones de sexo y género son normales.

> AUNQUE SEAMOS GEMELOS, YO SOY UNA CHICA CIS...

> ¡Y YO, UN CHICO TRANS!

El género no es binario

El género no se limita a ser chica o chico. Puede que no te sientas ni lo uno ni lo otro, o una mezcla de ambos: eso se llama identidad no-binaria. Si sientes que tu género cambia con frecuencia, incluso a diario, podrías ser de género fluido. Todos los géneros son normales.

HOY PARECES CHICA.

¡QUÉ CURIOSO! PUES JUSTO HOY ME SIENTO CHICO.

¿QUIÉN ES ESE CHICO?

SE LLAMA ARIEL, PERO NO LE GUSTA QUE LE DIGAN CHICO. ES DE GÉNERO NO-BINARIO.

NO LO SABÍA.

NO NECESITO ETIQUETARME. YO SOY YO Y PUNTO.

Más de dos sexos

Al igual que no hay dos únicos géneros, el sexo también va más allá del femenino y el masculino. Hay personas que nacen con una mezcla de características masculinas y femeninas; se las llama intersexuales.

Si eres intersexual, podría deberse a las concentraciones hormonales que hay en tu cuerpo, a que poseas un tipo de órgano sexual externo distinto del interno, a que tus genitales sean una mezcla de femeninos y masculinos, o a que no estén definidos con claridad como lo uno o lo otro. En cualquier caso, tú decides siempre cuál es tu género.

La expresión de género

El género es parte de tu identidad, pero también de cómo te muestras al mundo. Hay quien piensa que debes tener cierta apariencia o actuar de una determinada manera según tu género. Por ejemplo, hay gente que cree que las niñas tienen que ser dulces, vestir de rosa y jugar con muñecas, o que los niños tienen que ser malotes, vestir de azul y jugar con coches. Nada de eso es cierto.

Lo importante es cómo te sientes tú y cómo quieres expresarte.

A gusto con tu propio cuerpo

Mucha gente da por hecho que, si tienes un cuerpo femenino, eres una chica, por ejemplo. Se trata de una creencia bastante común que puede incomodarte si cuerpo y género no coinciden en tu caso. Hay gente que se pone ropa interior especial que le da a su cuerpo una forma más acorde con su género.

ME PONGO SUJETADORES QUE ME APLANAN EL PECHO, PERO SIN APRETAR DEMASIADO.

YO LOS USO CON RELLENO, PORQUE ME GUSTA VERME CON MÁS PECHO.

¡QUÉ VERGÜENZA! ¡LLEVAMOS LA MISMA CAMISETA!

¡QUÉ MÁS DA! ESO ES QUE TENEMOS MUY BUEN GUSTO.

A tu manera

La ropa puede ser una manera de cultivar un estilo personal y mostrarlo al mundo. Lo más importante es que te guste lo que te pones y que te sientas cómoda o cómodo.

Es habitual que la gente vista prendas que considere propias de su género. Las faldas, por ejemplo, se suelen identificar como prendas de chica, pero no tienen por qué serlo.

¡Vístete como quieras!

Me encanta mi cuerpo

A medida que te haces mayor, es posible que prestes más atención a tu aspecto físico. Compararse de vez en cuando con otros es normal, pero nunca pongas en duda que tu cuerpo es maravilloso tal y como es.

Los cuerpos "ideales"

En las redes sociales, las películas, las revistas y los anuncios suelen aparecer personas con figuras "ideales"; por regla general, salen hombres musculosos y mujeres delgadas y tonificadas, todos de piel perfecta. Parecen cuerpos muy trabajados, porque realmente lo son.

Muy poca gente posee este tipo de cuerpo de forma natural y, desde luego, no todo el tiempo. No deberías compararte con estas personas porque esos cuerpos no existen sin cirugía o años de entrenamiento, y a menudo ambos.

Inseguridades

Todo el mundo se preocupa de vez en cuando por su físico, pero hay gente que no puede dejar de pensar en partes de su cuerpo que querría cambiar o que se compara constantemente con otras personas. Esos pensamientos podrían deberse a algo sobre lo que no tienen control, como una enfermedad mental o algún trastorno alimentario.

Si tienes estos pensamientos o sabes de alguien en esta situación, háblalo con un adulto de confianza.

ME DESAGRADA MUCHO MI CARA CUANDO ME MIRO AL ESPEJO. NO PUEDO PENSAR EN OTRA COSA...

GRACIAS POR CONTÁRMELO. VAMOS A BUSCAR AYUDA.

Mensajes positivos

El cuerpo perfecto no existe. Sería muy extraño que todo el mundo fuera igual. Aquello que nos diferencia es lo que nos hace únicos, y eso es algo que celebrar. Proponte sentirte a gusto con tu aspecto. Acepta como eres y disfruta de tu singularidad.

EN LAS PELIS CASI NUNCA HAY PROTAGONISTAS COMO YO, LO CUAL ES UNA PENA PORQUE SOY GENIAL.

TENGO LA NARIZ UN POCO TORCIDA, PERO ASÍ ESTÁ BIEN. NADIE TIENE OTRA IGUAL.

ME ENCANTA MI TRIPA... ¡MIRA CÓMO LA MUEVO!

Cuido mi cuerpo

La pubertad es una etapa de la vida en la que el cuerpo crece y cambia muchísimo. El cuidado de la alimentación, el ejercicio y el descanso son aspectos fundamentales para favorecer un desarrollo sano.

La comida sana

Es importante mantener una dieta rica y variada, ya que cada tipo de alimento tiene una función distinta en el organismo. Estos son los tipos principales que deberías consumir a diario:

FRUTA Y VERDURA: RICAS EN VITAMINAS Y MINERALES QUE CONTRIBUYEN AL CORRECTO FUNCIONAMIENTO DEL CUERPO

HUEVOS, LEGUMBRES, CARNE Y PESCADO: FUENTES DE PROTEÍNAS, NECESARIAS PARA EL CRECIMIENTO

LECHE, QUESO Y YOGUR: RICOS EN CALCIO, BUENO PARA LOS HUESOS

HIDRATOS DE CARBONO (PAN, PATATAS, ARROZ, PASTA, ETC.): FUENTES DE ENERGÍA

ES PARA COMER SOLO DE VEZ EN CUANDO.

¿Y QUÉ ME DICES DEL CHOCOLATE?

GRASAS (ACEITE, AGUACATE, ETC.): NECESARIAS EN CANTIDADES MODERADAS PARA ALMACENAR ENERGÍA Y PROTEGER LOS ÓRGANOS

AGUA: FUNDAMENTAL PARA EL ORGANISMO; MUY BUENA PARA LA CONCENTRACIÓN

El ejercicio

El ejercicio mejora la forma física y fortalece los huesos y los músculos. Deberías dedicar una hora diaria al ejercicio. No tienes que hacerlo todo de una vez: puedes ir al instituto andando, corriendo o en bici, practicar algún deporte o hacer cualquier otra cosa que implique moverte.

El descanso

El descanso es necesario para que el organismo se recupere, sobre todo después de hacer ejercicio. Durante la pubertad es posible que tu cuerpo te pida dormir más. Hazle caso, ya que tanto el cerebro como el resto del cuerpo necesitan mucho descanso para desarrollarse.

Cuido mi mente

La alimentación, el ejercicio y el descanso son igual de importantes para la mente que para el resto del cuerpo, pero hay muchísimas más cosas que puedes hacer para cuidarla.

Fuera agobios

La pubertad puede ser una época difícil. Además de los cambios físicos y mentales que estás experimentando, es posible que en los estudios te exijan más o que tengas más cosas de las que ocuparte en casa. Sigue alguno de estos consejos para calmarte cuando sientas estrés:

DIBUJA, HAZ PUNTO, BAILA O REALIZA CUALQUIER OTRA ACTIVIDAD CREATIVA.

CUENTA CÓMO TE SIENTES A TUS AMISTADES, EN PERSONA O POR TELÉFONO, O ESCRÍBELO EN UN DIARIO.

HAZ ALGO TOTALMENTE DISTINTO A LO HABITUAL

NO TE EXIJAS TANTO. TODOS TENEMOS DIFICULTADES. ¡NADIE ES PERFECTO!

Busca ayuda

Los cerebros humanos son muy diversos; no todos funcionan de la misma manera. Mucha gente necesita apoyo extra para ciertas cosas. Si te cuesta hacer amigos, concentrarte o aprender conceptos nuevos, cuéntaselo a una persona adulta de confianza para buscar la ayuda necesaria.

ME DAN MÁS TIEMPO EN LOS EXÁMENES PORQUE TENGO DISLEXIA Y LEER O ESCRIBIR ME CUESTA MÁS QUE A OTRA GENTE.

Los cambios de humor

Los cambios de humor repentinos son frecuentes a estas edades.
Puede que sientas más irritación o ansiedad que de costumbre,
o que te entren ganas de llorar y que no tengas ni idea del motivo.
   Todo es perfectamente normal y se debe a los cambios hormonales
que se están produciendo en tu cuerpo. No desesperes; desaparecerán
poco a poco a medida que te hagas mayor. Hasta entonces, puedes
seguir estos consejos para llevar mejor los cambios de humor:

RESPIRA HONDO VARIAS VECES:
TOMA EL AIRE POR LA NARIZ
Y SUÉLTALO POR LA BOCA.

USA LA MEDITACIÓN O
EL YOGA PARA MEJORAR
LA CONCENTRACIÓN.

TOMA NOTA DE
CÓMO TE SIENTES
EN TU DIARIO.

Los bajones

El cerebro puede enfermar, como
el resto del cuerpo. Los cambios
de humor son pasajeros, pero hay
gente que se siente abrumada por
emociones, como la tristeza, que
parece que no se vayan a ir nunca.
Si te enfrentas a emociones que
no te dejan disfrutar de la vida,
cuéntaselo a alguien de confianza
o acude a tu centro de salud.

ÚLTIMAMENTE
PASAS MUCHO TIEMPO
EN TU CUARTO.
¿ESTÁS BIEN?

La higiene

La pubertad puede ser una época un tanto "apestosa". El cuerpo suda más y produce más grasa. Si no te lavas a diario, el sudor se acumula y empieza a oler mal.

¿Por qué apesta?

El sudor es principalmente agua. Cuando el cuerpo se calienta en exceso, unas glándulas situadas bajo la piel segregan sudor para enfriarlo. Las bacterias que viven en la piel se alimentan del sudor y lo descomponen en sustancias que producen mal olor.

Buena parte de estas glándulas se encuentran en las axilas; por eso huelen tanto. Usa desodorante o antitranspirante a diario para combatir los malos olores.

¡QUÉ ASCO! LA ROPA ABSORBE EL SUDOR; POR ESO HAY QUE LAVARLA CON FRECUENCIA. SOBRE TODO LOS CALCETINES Y LA ROPA INTERIOR.

¡A la ducha!

Si te enjabonas bien durante tu ducha diaria, eliminarás toda la suciedad, el sudor y la grasa de la piel. La grasa del pelo también puede oler, por lo que conviene que te lo laves a menudo. Si tienes el pelo o el cuero cabelludo más bien seco, lávatelo con menos frecuencia.

HAY GENTE QUE TIENE CASPA. LA CASPA SON ESCAMAS DE PIEL SECA QUE SE DESPRENDEN DEL CUERO CABELLUDO. PUEDES COMBATIRLA CON CHAMPÚ ANTICASPA.

La higiene genital

En la zona genital hay muchas glándulas sudoríparas (que segregan sudor), por lo que es importante mantenerla limpia.

Lávate la vulva de delante hacia atrás. En la zona del ano hay muchos gérmenes que no quieres que entren en la vagina o la uretra. No tienes que lavarte la vagina por dentro, ya que se limpia sola.

Si tienes prepucio en el pene, verás que se te afloja con la edad. Conviene que tires de él hacia atrás con cuidado y lo enjuagues con agua de vez en cuando.

NO USES JABONES NI GELES DE BAÑO PARA LAVARTE LA VULVA O EL PREPUCIO, YA QUE PODRÍAN IRRITARSE. USA JABÓN ÍNTIMO O SIMPLEMENTE AGUA TIBIA.

La higiene dental

Lo más probable es que a los 13 años hayas cambiado ya todos los dientes. Debes cuidártelos, ya que tienen que durarte toda la vida.

AL LAVARTE LOS DIENTES, ELIMINAS LOS RESTOS DE COMIDA Y LOS GÉRMENES QUE DAÑAN LOS DIENTES Y LAS ENCÍAS Y CAUSAN MAL ALIENTO.

CONSEJOS PARA TENER UNOS DIENTES LIMPIOS Y SANOS:

- LÁVATE LOS DIENTES DOS VECES AL DÍA: UNA POR LA MAÑANA Y OTRA ANTES DE ACOSTARTE.

- UTILIZA HILO DENTAL PARA LIMPIAR BIEN LOS HUECOS ENTRE LOS DIENTES.

- USA PASTA DENTÍFRICA CON FLÚOR PARA FORTALECER LOS DIENTES.

- HAZTE REVISIONES PERIÓDICAS EN UNA CLÍNICA DENTAL.

Los granos y el acné

A mucha gente le salen granos en la piel durante la pubertad.
Se trata de una consecuencia muy común, y a veces molesta,
de los cambios hormonales propios de esta etapa.

Los granos y el sebo

El pelo y la piel están recubiertos de una grasa natural, llamada sebo,
que se produce en unas glándulas situadas bajo la piel. Los cambios
hormonales de la pubertad provocan una mayor secreción de sebo
que, si se acumula bajo la piel y obstruye un poro, produce un grano.

¡TENGO GRANOS
DE TODO TIPO!

HAY MUCHAS CLASES DE GRANOS:

- PUNTOS BLANCOS: BULTITOS BLANCOS
  LLENOS DE SEBO

- PÁPULAS: BULTITOS ROJOS
  E INFLAMADOS

- PÚSTULAS: BULTITOS INFLAMADOS
  LLENOS DE PUS (LÍQUIDO AMARILLENTO
  COMPUESTO DE CÉLULAS MUERTAS
  Y GÉRMENES)

¿Con o sin granos?

A la mayoría de la gente le salen
granos de vez en cuando durante
la pubertad, aunque hay quien
tiene muchos, y también quien
no tiene ni uno.

Si te salen granos, lo más
probable es que sea en la cara,
la espalda, el pecho o la cabeza,
puesto que es ahí donde tienes
más glándulas bajo la piel.

¡ESTOY HARTO
DE ESTE GRANO
DE LA NARIZ!

YO TENGO UNO
EN EL TRASERO DESDE
HACE UNA SEMANA.

Jabones y limpiadores

Aunque no haya soluciones mágicas para los granos, lavarse la cara a diario evita que los poros se ensucien demasiado.

Debes lavártela con agua templada y un jabón suave o limpiador facial. No uses esponjas ni exfoliantes, ya que podrían irritarte la piel. Si te pones maquillaje, quítatelo y lávate bien la cara antes de dormir.

¿Me los exploto?

Mucha gente se explota los granos para sacar el pus o el sebo del poro, pero esto suele dañar la piel y dar pie a infecciones. Es mejor utilizar cremas o geles especiales. Si tienes muchos granos y no notas ninguna mejoría con la crema que usas, pide cita para consultar a un médico.

- EXTIENDE EL LIMPIADOR FACIAL CON LAS YEMAS DE LOS DEDOS EN MOVIMIENTOS CIRCULARES.

- NO TE LAVES LA CARA MÁS DE DOS VECES AL DÍA PARA QUE NO SE TE RESEQUE LA PIEL.

- SI TE EXPLOTAS UN GRANO, LÁVATE LAS MANOS ANTES Y DESPUÉS DE HACERLO.

LEE LAS INSTRUCCIONES ANTES DE USAR CREMAS O GELES.

TENÍA ACNÉ POR TODA LA CARA, PERO MI MÉDICA ME RECETÓ UNAS PASTILLAS Y SE ME HA QUITADO.

¿Voy a tener granos siempre?

Lo más probable es que desaparezcan tras la pubertad. En algunos casos, los granos son muchos y parece que no se van nunca. Puede que se trate de acné, una enfermedad de la piel para la que existen tratamientos médicos. El acné suele superarse, aunque la mayoría de los adultos sigue teniendo granos de vez en cuando.

Soy más independiente

Hacerte mayor implica asumir cada vez más responsabilidad sobre tu vida y tus actos. Empezarás a tomar decisiones por tu cuenta y a enfrentarte a solas a situaciones complejas.

Negociaciones

Es muy poco probable que te den total independencia de un día para otro. También es posible que a tu familia le cueste hacerse a la idea de que ganes en autonomía. A medida que te hagas mayor, podrás plantear qué límites te gustaría negociar para ver si llegáis a un acuerdo.

ESTOS SON LOS MOTIVOS POR LOS QUE OS PIDO QUE ME RETRASÉIS LA HORA DE IRME A LA CAMA.

CARLA: HOLA, LUIS. CREO QUE ESTÁS EN EL CHAT DE KÁRATE. ¿ME PUEDES METER?

LUIS: ¡HOLA! CLARO, AHORA MISMO. BSS

Las amistades

A lo largo de los años es normal que te distancies de algunas amistades y hagas otras. Es posible que durante la pubertad veas cambios en tus grupos de amigos, ya que es una edad en la que descubres nuevos intereses y empiezas a elegir la compañía que prefieres.

Es importante que te sientas a gusto con tus amistades. Si te parece que te están dando de lado, intenta hablarlo; si crees que lo hacen intencionadamente, quizá no sean la mejor compañía para ti.

Actividades de riesgo

Puede que, cuando seas algo mayor, sientas la tentación de fumar, vapear, beber alcohol o probar las drogas. Hay gente que hace estas cosas porque les ayuda a relajarse o a hacer amigos. Pueden parecerte actividades normales o inofensivas, pero encierran muchos peligros:

BEBER ALCOHOL

FUMAR Y VAPEAR

CONSUMIR DROGA

EL ALCOHOL PUEDE BAJARTE EL ÁNIMO Y DISMINUIR TU CAPACIDAD DE DECISIÓN.

FUMAR O VAPEAR PUEDE DAÑAR LOS PULMONES, EL CORAZÓN Y EL CEREBRO.

ALTERA EL FUNCIONAMIENTO DEL CEREBRO Y NUNCA SABES CÓMO TE VA A AFECTAR.

EN GRANDES CANTIDADES, PUEDE DAÑAR EL CORAZÓN Y EL HÍGADO.

A MENUDO EMPEORA LA FORMA FÍSICA Y DIFICULTA LA RESPIRACIÓN.

LAS DROGAS PUEDEN SER TAN PELIGROSAS QUE EN MUCHOS PAÍSES SON ILEGALES.

TODAS ESTAS SUSTANCIAS SON ADICTIVAS Y ES DIFÍCIL DEJARLAS UNA VEZ LAS HAS EMPEZADO A TOMAR.

Presión del grupo

En tu grupo de amigos o amigas, puede que a veces sientas que tienes que hacer algo que no te apetece. Probar cosas nuevas suele ser positivo, como descubrir deportes o aficiones, pero debes elegirlas tú.

Si sientes que te presionan para hacer algo que te parece peligroso o te incomoda, siempre puedes decir "no". Practica tu asertividad.

¡PRUÉBALO!

NO, GRACIAS.

¡QUÉ BOBA! ¡NO PASA NADA!

HE DICHO QUE NO. SI NO LO RESPETAS, NO ERES MI AMIGO.

Internet sin supervisión

Con los años probablemente te vayan dando más libertad a la hora de navegar por internet sin supervisión. Debes hacerlo de un modo responsable y de una manera segura, sin exponerte a riesgos.

Desconecta

Cuando estás mirando cosas en internet o jugando a algo, es muy fácil perder la noción del tiempo. Por eso conviene que te pongas límites para que te dé tiempo de cumplir con tus obligaciones, pasar rato con tu familia, salir con amigos y dormir lo suficiente.

Si te cuesta desconectar y notas que el tiempo que pasas en internet afecta otras partes de tu vida, prueba a hablar de ello con una persona adulta con la que tengas confianza.

Etiqueta digital

Las personas con las que te relacionas a través de la pantalla son gente de carne y hueso con sentimientos. Trata a todo el mundo igual que te gustaría que te tratasen a ti.

SI ALGUIEN PRETENDE INTIMIDARTE O TE ENVÍA MENSAJES OFENSIVOS O DESAGRADABLES, LO MEJOR ES BLOQUEAR A ESA PERSONA. NI SIQUIERA RESPONDAS.

Mensajes sexuales

A veces, la gente que siente atracción entre sí se envía mensajes de contenido sexual o fotos de desnudos.

Mandar este tipo de mensajes puede ser peligroso. Una vez envías una foto en la que apareces desnuda o desnudo, no puedes controlar qué pasa con esa imagen y podría acabar con facilidad en manos de otras personas sin tu consentimiento.

En algunos países, los menores de 18 años tienen prohibido compartir autorretratos desnudos, incluso si quien los recibe también es menor.

¿ME HAS MANDADO ESTA FOTO?

¡NOOO! ¡HA SIDO POR ERROR!

¡NO PASA NADA! LA BORRO.

SI ACABARA EN INTERNET, SERÍA CASI IMPOSIBLE BORRARLA.

Para mayores de 18

En algunas páginas web, pensadas para mayores de 18 años, se publican fotos, relatos o vídeos donde se representan escenas sexuales. Son páginas de pornografía, o porno.

En la pubertad es normal sentir curiosidad por el sexo, pero el porno no es una representación realista del sexo; la gente que aparece está actuando. A menudo se valen de efectos de iluminación o del maquillaje para modificar el aspecto de los cuerpos, por ejemplo, para que todo parezca mucho más dramático y apasionado de lo que es realmente.

El sexo de verdad es diferente. Se trata de dos personas que se dan placer mutuamente. Sobre todo, el sexo de verdad siempre es consensuado. En el porno no se explicita el consentimiento, y a menudo las escenas muestran sexo no consentido.

EN INTERNET HAY COSAS HORRIBLES. HAY PORNO MUY EXTRAÑO Y VIOLENTO, QUE A VECES APARECE EN PANTALLA DE REPENTE. SI LAS IMÁGENES SON MUY PERTURBADORAS, PUEDE QUE TE RESULTE DIFÍCIL BORRARLAS DE LA MEMORIA.

¡Que comience la aventura!

Ahora que sabes en qué consiste la pubertad, esperamos que se hayan disipado muchos de tus miedos. Se trata de un viaje de descubrimiento para averiguar quién eres y en quién quieres convertirte.

INFANCIA

Por el camino, forjarás nuevas amistades y perderás otras. Elegirás rutas que te llevarán a lugares insospechados.

DECISIONES

MÁS DECISIONES

En ocasiones, cometerás errores. ¡Todo el mundo los comete! Emprende este viaje con espíritu de aventura. Experimenta con la ropa, la comida, la música, tus aficiones... ¡Sueña a lo grande!

Quiérete tal como eres y confía en que te estás convirtiendo en una persona magnífica, aunque aún no sepas muy bien cómo serás (tampoco hace falta).

VIDA ADULTA

La pubertad es una de las muchas aventuras que vivirás. ¡Disfrútala!

Glosario

Los términos que aparecen en *cursiva* cuentan con su propia definición en el glosario.

asexual Persona que no suele sentir *atracción sexual* hacia otras personas, pero que puede que sí sienta *atracción sentimental* hacia ellas.

atracción sentimental Cuando una persona se siente atraída por otra, en la que piensa a menudo y con quien le gustaría estar. También es posible que desee besar o abrazar a esa persona o mantener *relaciones sexuales* con ella.

atracción sexual Cuando una persona se siente atraída por otra, a quien le gustaría besar o abrazar, o con quien querría mantener *relaciones sexuales*.

bisexual Persona que siente *atracción sexual* hacia personas de más de un *sexo* o *género*.

braga menstrual Prenda interior con capas de tela que absorben la *menstruación*.

clítoris *Órgano sexual* femenino normalmente sensible al tacto. La cabeza se encuentra visible en el punto de unión de los labios internos de la *vulva*.

compresa Tira de algodón u otro material que se pega a las bragas para absorber la *menstruación*.

consentimiento Permiso que una persona da a otra para que la toque.

cuello uterino Canal que conecta el *útero* con la *vagina*.

droga Sustancia que altera el funcionamiento del cuerpo y la mente.

embarazo Cuando un *espermatozoide* fertiliza un *óvulo* y un bebé empieza a formarse en el *útero*.

enfermedad de transmisión sexual enfermedad infecciosa que se contagia durante el *sexo*.

erección Rigidez del *pene* que se produce por un aumento en el riego sanguíneo a la zona y que hace que se aleje del cuerpo. El *clítoris* también es un órgano eréctil.

espermatozoide Célula formada en los *testículos* que se encuentra en grandes cantidades en el *semen* y puede dar lugar a un *embarazo* si fertiliza un *óvulo*.

eyaculación Cuando el *semen* sale del *pene*, normalmente acompañado de un *orgasmo*.

flujo vaginal Líquido viscoso blanquecino que mantiene limpia la *vagina*.

género Relacionado con cómo piensa y se siente una persona, tanto en cuanto a su identidad como a la forma de expresarla. Por ejemplo: chica, chico o persona *no binaria*.

género no binario Persona cuya identidad de *género* no es ni masculina ni femenina, independientemente del *sexo* que sea.

genitales *Órganos sexuales* externos, situados en la entrepierna.

heterosexual Persona que siente *atracción* por personas del *sexo* "contrario", dentro del binomio tradicional de *sexos*: masculino y femenino.

homosexual Persona que siente *atracción* por personas de su mismo *sexo*.

hormona Sustancia que produce el cuerpo y que envía mensajes a través de la sangre. Por ejemplo, la hormona gonadotropina avisa al resto del cuerpo de que ha llegado el momento de desarrollarse, lo que marca el inicio de la *pubertad*.

intersexual Persona nacida con características físicas y/o genéticas tanto femeninas como masculinas, como podría ser poseer *hormonas* mayoritariamente masculinas y a la vez *órganos sexuales* femeninos.

masturbación Estimulación de los *genitales* mediante tocamientos o caricias de modo que puede llegar a producirse un *orgasmo*.

menstruación Flujo que sale por la *vagina* durante unos días todos los meses compuesto de un *óvulo* no fecundado, la capa que recubre el *útero* y algo de sangre.

método anticonceptivo Método que se emplea con el fin de evitar un *embarazo*.

órgano sexual Cada una de las partes del cuerpo necesarias para tener bebés; los órganos sexuales externos son visibles y los internos están dentro del cuerpo y no se ven.

orgasmo Sensación repentina muy placentera que se puede experimentar a través de la *masturbación* o el *sexo* y que suele durar unos segundos.

orientación sexual Descripción de hacia quién suele sentirse atraída una persona, incluida la opción de no sentir atracción hacia nadie.

ovario Cada una de las dos glándulas sexuales femeninas donde se forman, desarrollan y almacenan los *óvulos* y se producen algunas *hormonas.*

óvulo Célula producida en los *ovarios* que sale por la *vagina* durante la *menstruación* o que se une a un *espermatozoide* para empezar a formar un bebé.

pene órgano *genital* masculino que cuelga entre las piernas.

píldora anticonceptiva *Método anticonceptivo* en forma de pastillas que, entre otros efectos, impiden la ovulación.

pornografía Vídeos o fotos donde se representan escenas de personas practicando *sexo* o mostrando sus *genitales.*

prepucio Piel móvil que cubre el glande. La circuncisión consiste en cortar circularmente parte del prepucio, lo cual es una práctica ritual en varias religiones y culturas.

preservativo *Método anticonceptivo* con el que se cubre el *pene* o el interior de la vagina para recoger el *semen.* También sirve para evitar el contagio de infecciones de transmisión sexual.

pubertad Fase vital en la que el cuerpo pasa de la infancia a la etapa adulta. Suele dar comienzo entre los 8 y los 14 años.

rol o estereotipo de género Idea anticuada del comportamiento y la apariencia que la sociedad espera de una persona por razón de su *sexo* o *género.*

salir del armario Declaración de una persona de su *orientación sexual* o identidad de *género*, normalmente cuando son distintas de las que se consideran tradicionales (ni *heterosexual*, ni cis).

semen Líquido viscoso blanquecino que contiene *espermatozoides* y que sale del *pene* durante la *eyaculación.*

sexo
1. Describe a una persona en función de los *órganos sexuales* con los que ha nacido: normalmente femenino, masculino o intersexual.
2. Encuentro entre dos personas que se tocan o acarician los *genitales* de modo que podrían tener un *orgasmo.*

síndrome premenstrual Sensación de malestar físico, tristeza, irritabilidad o ansiedad que puede ocurrir los días previos a la *menstruación*.

sueño erótico Sueño normalmente de contenido sexual que puede llevar a un *orgasmo*.

tampón Rollo de algodón u otro material que se coloca en el interior de la *vagina* para absorber la *menstruación*.

testículo Cada una de las dos glándulas sexuales masculinas, donde se forman los *espermatozoides*.

trompas de Falopio Conductos estrechos que unen los *ovarios* con el *útero*.

útero *Órgano sexual* femenino donde se desarrollan los bebés.

vagina *Órgano sexual* femenino en forma de conducto que une el *útero* con el exterior del cuerpo, por donde salen los bebés durante el parto, así como el *flujo vaginal* y la *menstruación*.

vello púbico Pelo que crece alrededor de los *genitales*. Empieza a salir en la *pubertad*.

vulva *Órgano sexual* femenino visible, situado entre las piernas.

Índice

Agradecimientos

Directora de la colección: Jane Chisholm

Directora de diseño: Zoe Wray

Asesoramiento experto:
Dra. Anna Forringer-Beal del Centro de Estudios
de Género de la Universidad de Cambridge

Dra. Caitríona Cox del Addenbrooke's Hospital
(Cambridge University Hospitals NHS Trust)

Laura Clarke, educadora sexual

**Deseamos agradecer en especial
la colaboración de**
Alice James, Darran Stobbart, Micaela Tapsell,
Ashe de Sousa, Amy Chiu y Stefanie Felsberger,
así como la de todas las personas que han leído
el libro y han contribuido a hacerlo más inclusivo,
actual y ameno.

¡CHAO!